CHAQUE PIÈCE, 20 CENTIMES.
21ᵉ ET 22ᵉ LIVRAISONS.
THÉÂTRE CONTEMPORAIN ILLUSTRÉ
MICHEL LÉVY FRÈRES, ÉDITEURS,
RUE VIVIENNE, 2 BIS.

LE FILS DU DIABLE
DRAME EN CINQ ACTES ET ONZE TABLEAUX
PRÉCÉDÉ DE LES TROIS HOMMES ROUGES, PROLOGUE,
PAR
MM. PAUL FÉVAL ET SAINT-YVES

REPRÉSENTÉ POUR LA PREMIÈRE FOIS, A PARIS, SUR LE THÉATRE DE L'AMBIGU-COMIQUE, LE 24 AOUT 1847.

PERSONNAGES DU PROLOGUE.

LE COMTE GUNTHER DE BLUTHAUPT.	MM. MACHANETTE.	ZACHÆUS NESMER.	MM. THIERRY.
OTTO.	MONTDIDIER.	HIPPOLYTE VERDIER.	ADALBERT.
ALBERT, — GOETZ, personnages muets.		HANS DORN.	LEMAIRE.
MOSES GELD.	MATIS.	KLAUS.	MARTIN.
LE CHEVALIER DE REGNAULT.	ARNAULT.	HERMANN.	FROMENS.
LE MADGYAR YANOS GEORGYI.	E. GALLAND.	GERTRAUD.	Mᵐᵉ A. DIDIER.
LE DOCTEUR JOSÉ MIRA.	DESVERRIÈRES.	SERVITEURS, SERVANTES	

La scène se passe au château de Bluthaupt, en Allemagne, année 1813.

PROLOGUE.
PREMIER TABLEAU.

Une salle sombre et gothique du château de Bluthaupt; au fond une porte à draperie, surmontée d'un écusson figurant trois bustes rouges sur un fond noir : quand les draperies se soulèvent, on aperçoit dans la salle voisine un grand lit à colonnes et à estrade, entouré de rideaux en tapisserie.— Au premier plan à droite, la porte conduit à l'appartement du Comte. A gauche une vaste cheminée à colonnes de marbre noir, et à côté une horloge. A droite, en pan coupé, une fenêtre à ogives, à travers laquelle on aperçoit les antiques fortifications de Bluthaupt, et au milieu un donjon au faîte duquel brille une lueur rougeâtre. Du même côté au deuxième plan, une porte cachée dans la boiserie. A gauche, en pan coupé, l'entrée extérieure. — Auprès de la cheminée, une table, sur laquelle brûlent deux lumières.

SCÈNE I.
LE COMTE, ZACHÆUS, MIRA.

Le Comte est assis dans un grand fauteuil auprès de la table, ayant à sa portée des fioles, et une tasse d'argent ciselé. — Le docteur José Mira, assis sur un pliant, à ses côtés, lui tâte gravement le pouls, tandis que l'intendant Zachæus Nesmer se tient debout derrière son fauteuil.

LE COMTE, *après un silence.*
Eh! bien, Docteur?...

MIRA.
Monsieur le Comte ne s'est jamais mieux porté.

LE COMTE.
Je suis peut-être un malade imaginaire, mais cette attente me tue!... Encore de longues heures de doutes et de craintes!...

MIRA, *indiquant l'horloge.*
Il est sept heures... Avant que l'aiguille ait fait le tour de ce cadran, notre seigneur aura vu le visage de son héritier.

ZACHÆUS, *se penchant vers le Comte.*
Dans le même espace de temps, il y aura de l'or au fond de notre creuset.

LE COMTE.
Ce sera une heureuse nuit pour la maison de Bluthaupt... mais jusque-là il faut attendre, et tout mon corps est glacé... Il n'y a qu'un point dans ma poitrine qui brûle comme un charbon ardent... J'ai soif!

MIRA, *versant un breuvage dans le gobelet et le présentant au Comte.*
Patience, gracieux seigneur!...

LE COMTE.
Merci!... merci!... *après avoir bu.* Ah! maintenant me voilà fort!... Je voudrais être là. (*Il indique les draperies du fond.*) Au chevet de ma belle Margarèthe, pour entendre le premier cri de mon fils!... car ce sera un fils, n'est-ce pas, docteur?

MIRA.
La science et mes calculs nous autorisent à l'espérer.

LE COMTE, *faisant un effort pour se lever.*
Et le creuset!... que ne puis-je contempler l'or jaune et pur bouillant au fond du vase!
ZACHÆUS, *indiquant le donjon éclairé.*
Vous le voyez... le feu brille... l'œuvre avance!...
LE COMTE.
Oui, vous êtes tous deux de dignes serviteurs, mais vous ne pouvez pas mesurer mon impatience... c'est le destin de ma race qui s'accomplit!... C'est le grand nom de Bluthaupt qui va renaître si vous avez dit vrai, docteur... Et l'enfant, si vous ne me trompez pas, Zachæus, sera plus riche qu'un roi!... oh!... Et il n'y aura pas là un juif maudit pour lui disputer son héritage, car vous me l'avez affirmé, n'est-ce pas, maître... cet écrit... (*Il montre un parchemin ouvert devant lui sur la table.*) La naissance de mon fils annule cette vente?...
ZACHÆUS.
A Dieu ne plaise que j'aie pu oublier jamais les intérêts de la noble comtesse Margarèthe et du futur héritier de Bluthaupt!... (*Il prend le parchemin.*) S'il vous plaît, je vais vous relire les termes mêmes du contrat. (*Le Comte fait un signe de consentement.*)
ZACHÆUS, *lisant.*
« Entre nous soussignés, Gunther de Bluthaupt, comte du Saint Empire Romain... »
LE COMTE
Passez!
ZACHÆUS.
« Et Mosès Geld, marchand à Francfort sur le Mein, ce jour » 20 février 1809, a été convenu ce qui suit : Gunther de Blu- » thaupt cède et transporte audit Mosès Geld la propriété de tous » ses biens, meubles et immeubles, pour lui appartenir après la » mort dudit Gunther, moyennant une rente viagère... »
LE COMTE, *l'interrompant.*
Je vous demande l'article relatif à la résiliation.
ZACHÆUS.
Voici!... (*Lisant.*) « En cas de naissance d'un héritier mâle et » direct dudit Gunther de Bluthaupt, la présente cession est de » plein droit annulée... »
LE COMTE.
A la bonne heure!... Et les revenus payés depuis cinq ans jusqu'à ce jour.... année 1813?
ZACHOEUS.
Perdus pour le juif!... la loi allemande est positive.
LE COMTE, *joyeux.*
Ah! Margarèthe, Margarèthe!... je donnerais mille souverains pour entendre son premier cri. (*Il met la main sur son cœur.*) Mais la joie peut-elle donc tuer, docteur?... Je sens que mes forces m'abandonnent, mon souffle s'éteint dans ma poitrine... et ma tête appesantie... (*Il a prononcé ces mots d'une voix haletante, sa tête chancelle et ses yeux se ferment.*)
ZACHÆUS, *après un moment de silence, allant vers la fenêtre.*
Ils tardent bien !...
MIRA, *qui est resté auprès du Comte.*
Chut !...
LE COMTE, *s'assoupissant.*
De l'or!... de l'or!... Margarèthe... un héritier pour le nom de Bluthaupt.
MIRA, *qui a suivi tous ses mouvements.*
Il dort! (*En ce moment on frappe un coup léger à la porte qui se perd dans la boiserie.*)
ZACHÆUS.
Enfin !... (*Il va ouvrir.*)

SCÈNE II.

LES MÊMES, HIPPOLYTE VERDIER, *en courrier à la livrée de Bluthaupt (noir et rouge) que recouvre un petit manteau.*

HIPPOLYTE, *entrant et secouant son chapeau couvert de neige.*
Chien de temps!...
MIRA, *vivement.*
Silence !... (*A Zachæus.*) Quel est cet homme ?
ZACHÆUS.
Ne le reconnaissez-vous pas? c'est ce jeune Français, Hippolyte Verdier, l'âme damnée du chevalier de Regnault, amené par lui en Allemagne, et que nous avons pris au service du comte.
MIRA.
C'est bien.
HIPPOLYTE.
Et qui aimerait mieux rigoler chaudement au café de *la Girafe*, que de galoper dans vos chemins d'enfer.
ZACHÆUS, *bas et vivement à Hippolyte.*
Tu arrives?...
HIPPOLYTE.
De Francfort...
ZACHÆUS.
Tu les as vus?
HIPPOLYTE.
Tous trois.
ZACHÆUS.
Le premier d'abord?
HIPPOLYTE.
Je l'ai trouvé dans la ville neuve, assis à une table de pharaon.
ZACHÆUS, à *Mira.*
Le chevalier de Regnault n'a pas perdu ses bonnes habitudes de gentilhomme qui l'ont forcé de quitter la France.
MIRA.
C'est notre maître à tous!... Dans son exil, n'a-t-il pas gagné la confiance d'Ulrich de Bluthaupt, le frère de ce misérable vieillard qui se meurt, le père de cette fière comtesse qui va mourir? N'a-t-il pas décidé le mariage de l'oncle et de la nièce? N'a-t-il pas fait déshériter Otto, Goëtz et Albert, ces trois détestables bâtards du comte, ses vivantes images, à ce qu'on dit?
ZACHÆUS, à *Hippolyte.*
Enfin, tu as trouvé le chevalier, et tu lui as dit?...
HIPPOLYTE.
L'heure est sonnée.
ZACHÆUS.
Après?
HIPPOLYTE.
Le second donnait et recevait d'énormes coups de sabre dans la salle d'armes...
ZACHÆUS, à *Mira.*
Yanos, ce brave madgyar de Hongrie qui a déserté son pays après un duel suivi de mort.
MIRA.
Et sans qui Ulrich vivrait encore...
ZACHÆUS, à *Hippolyte.*
Tu lui as dit?...
HIPPOLYTE.
L'heure est sonnée.
ZACHÆUS.
Enfin ?...
HIPPOLYTE.
Quant au dernier, il était accroupi dans sa vieille cassine de la Judengasse, et sa fille Sara, la plus jolie enfant que j'aie vue, jouait à ses côtés, tandis que de sa griffe crochue il pesait de riches bijoux dans sa balance de cuivre...
MIRA, à *Zachæus.*
Ce digne Mosès Geld dont les florins nous ont été d'un puissant secours pour le succès de notre association.
ZACHÆUS, à *Hippolyte.*
Tu lui as dit?
HIPPOLYTE.
L'heure est sonnée.
ZACHÆUS.
Et ils viendront?...
HIPPOLYTE.
Ils viennent...
ZACHÆUS et MIRA.
C'est bien... laisse-nous. (*En ce moment Gertraud soulève la portière du fond.*)
ZACHÆUS, *vivement.*
Quelqu'un!... (*Hippolyte sort par la porte à gauche; Mira reprend sa place auprès du Comte.*)

SCÈNE III.

LE COMTE, ZACHÆUS, MIRA, GERTRAUD, *puis* HANS DORN, VALETS *et* SERVANTES.

GERTRAUD, *entrant.*
Docteur!... docteur!...
LE COMTE, *se réveillant.*
Qu'est-ce que cela?
GERTRAUD.
Ma noble maîtresse, qui demande du secours...
MIRA.
Eh bien!...
LE COMTE.
Je veux vous suivre!... Je veux qu'elle puise du courage dans ma présence... Holà, quelqu'un ! (*Il agite une sonnette ; des domestiques paraissent à la porte ; Hans Dorn sort de l'appartement du Comte et s'élance vers lui, mais il a été prévenu par Zachæus.*)
ZACHÆUS, à *Hans.*
On n'a pas besoin de vous.
MIRA, *au Comte, après avoir échangé un coup d'œil avec Zachæus.*
Venez, monseigneur... (*A Gertraud, qui va pour soulever les*

draperies du fond.) Retirez-vous...., quand il le faudra, je vous tirai, ma fille.
LE COMTE.
Que tout le monde veille, et qu'on attende les ordres du docteur !... (*En sortant.*) Oh ! l'heureuse nuit pour le sang de Bluthaupt ! (*Il entre dans la chambre de Margarèthe, avec Mira et Zachæus.*)

SCÈNE IV.

GERTRAUD, HANS, HERMANN, Serviteurs, Hommes et Femmes.

HANS.
Et vous aussi, Gertraud, ils vous éloignent !... S'ils ont de mauvais desseins, qu'ils prennent garde ! car je n'ai pas oublié mon bon maître Ulrich, le père de la comtesse Margarèthe... et si mon épée n'a pu venger la mort du comte du moins protégera-t-elle la vie de sa fille ! (*Les domestiques se sont rapprochés.*)
HERMANN, *s'avançant.*
Et nous aussi, nous sommes-là !
GERTRAUD, *pensive.*
Il est des crimes si adroitement combinés... si difficiles à prévenir !...
HANS.
Croyez-vous donc ?...
GERTRAUD.
Je ne sais... et puis, on raconte de si étranges choses sur la race de Bluthaupt !...
HERMANN.
On parle de tant de mystères !...
GERTRAUD.
Mais vous ne croyez à rien de tout cela, vous, Hans ?
HANS.
Moi, croire à de pareilles niaiseries !
HERMANN.
Des niaiseries !... Tâchez d'expliquer, par exemple, ce que c'est que le feu qui brille nuit et jour au sommet du donjon !... (*Il étend la main en tremblant, et les domestiques se détournent de la fenêtre avec terreur.*)
HANS.
A la tour du Guet ?... mais le comte s'occupe de sciences chimiques avec son intendant Zachæus... et c'est là leur laboratoire.
GERTRAUD.
Mais c'est une chose connue de tout le pays, que depuis des siècles l'enfer se mêle des destinées de Bluthaupt !...
TOUS.
Ce n'est que trop vrai !...
HANS.
Depuis des siècles, Gertraud, les fils de Bluthaupt bravent la mort sur tous les champs de bataille... Et autrefois, comme on les voyait plus forts et plus intrépides que le commun des hommes, on disait : ce sont des démons...
HERMANN, *d'un ton d'incrédulité.*
Comme ça, avec de beaux raisonnements, on explique tout, parbleu !
GERTRAUD.
Autant vaudrait nier tout de suite l'ancienne légende qui annonce en propres termes la venue du fils du diable (*Les domestiques se signent*), et qui fixe au jour de sa naissance, la ruine de la maison de nos maîtres...
HERMANN, *lentement.*
Oui, ce sera la nuit,.. une nuit noire et terrible comme celle-ci... on verra de la lumière de la tour du Guet, l'âme de Bluthaupt, disparaître tout à coup...
HANS, *riant.*
Mais vous Hermann, qui croyez si bien aux vieilles légendes folles, pourquoi tremblez-vous, puisque les trois hommes rouges ne sont pas encore venus ?
TOUS.
Les trois hommes rouges !
HANS.
Eh oui !... les trois hommes rouges que nos seigneurs portent dans leurs armoiries depuis le déluge !... (*Il montre l'écusson de la porte du fond.*) Les trois braves démons qui veillent aux destinées de Bluthaupt... Est-ce qu'on peut naître ou mourir ici sans leur permission, mes maîtres ?...
GERTRAUD.
Hans ! Hans !... ne raillez pas ces choses saintes !
HANS, *toujours raillant.*
Je ne raille pas, car c'est ce que dit la ballade...
GERTRAUD.
Et je ne suis pas seule à y croire ; ma pauvre maîtresse me le fait chanter parfois, parcequ'elle songe alors à ses trois frères errants et proscrits. (*En ce moment la portière du fond se soulève, et l'on aperçoit le Comte assis, auprès de Margarèthe, Mira soulève les rideaux, comme pour examiner l'état de la malade. Zachæus est au pied du lit.*)
MIRA.
Gertraud ?... (*Tous les serviteurs se retournent et s'inclinent silencieusement.*) Chantez, Gertraud !... La comtesse veut, entendre encore une fois le chant des trois frères,...
GERTRAUD.
J'obéis à ma noble maîtresse.

BALLADE.

Air nouveau de M. Amédée Artus.

GERTRAUD.
C'étaient trois chevaliers, armés de fer tous trois,
Trois cadets de Bluthaupt, plus nobles que des rois !
Comme ils avaient battu l'enfer avec vaillance,
La Vierge leur donna, dit-on, pour récompense,
Quand ils furent couchés au funèbre caveau,
Le droit de soulever la pierre du tombeau...
C'est une chanson qu'en notre Allemagne
Les vieilles gens disent le soir,
On voit passer sur la montagne,
Quand le vent gémit, quand le ciel est noir,
Les hommes rouges du manoir.

CHOEUR *à mi-voix.*

Quand le vent gémit, etc.

Ils moururent tous trois le harnais sur le dos ;
Dans le même cercueil on reunit leurs os :
Car ils ne s'étaient point quittés durant leur vie.
Quand un fils de Bluthaupt naît, meurt ou se marie,
Ils s'éveillent ensemble , et tous trois d'accourir,
Pour voir naître Bluthaupt ou l'aider à mourir !

C'est une chanson, etc.

Le long des corridors, ceux qui passent la nuit,
Voient trois ombres glisser comme un rêve qui fuit....
Près du lit de l'enfant, au chevet funéraire,
Les trois comtes, debout, muets comme la pierre,
Dressent taille haute, et, jusqu'au lendemain,
Semblent vivre et veiller leur épée à la main...

C'est une chanson, etc.

MIRA.
Assez... cela fatigue la noble comtesse... elle a besoin de repos, éloignons-nous. (*Les rideaux du lit retombent sur Magarèthe.*)
LE COMTE, *redescendant la scène avec Zachæus.*
Soit, mais vous, restez, docteur, restez !... Elle peut avoir besoin de vos soins !... (*La portière du fond retombe.*)

SCÈNE V.

LES MÊMES, LE COMTE, ZACHÆUS.

LE COMTE.
Zachæus, je veux que ce soir on donne à ces bonnes gens du vin tant qu'ils en voudront.
ZACHÆUS.
Monseigneur sera obéi. (*Le comte va pour rentrer dans son appartement en s'appuyant sur le bras de Zachæus. — On entend sonner une cloche au dehors.*)
LE COMTE, *s'arrêtant et faisant un pas vers la fenêtre.*
Ah !...
ZACHÆUS, *se plaçant vivement devant lui.*
Ce n'est rien, monseigneur... Il faut rentrer et vous reposer, afin de prendre des forces pour le cas où la comtesse vous ferait appeler... C'est l'avis du docteur.
LE COMTE.
Le docteur a toujours raison.
ZACHÆUS, *plus bas.*
Et puis, cette nuit, je viendrai vous chercher...
LE COMTE
Pour le creuset ?...
ZACHÆUS
Où il y aura de l'or !
LE COMTE, *joignant les mains.*
Cette nuit !... cette nuit !...
ZACHÆUS, *bas et vivement à Hippolyte, qui, au bruit de la cloche, est entré par la porte de gauche et qui est allé regarder à travers les vitres de la fenêtre.*
Si ce sont eux, tu les introduiras par cette porte. (*Il lui désigne a petite porte dans la boiserie, par laquelle sort Hippolyte.*)
LE COMTE, *appelant.*

Zachœus !

ZACHŒUS.

Me voici aux ordres de monseigneur. (*Le Comte sort avec lui, tandis que les serviteurs se retirent silencieusement par la porte de gauche.*)

SCÈNE VI.

HANS, GERTRAUD, puis KLAUS.

HANS.

Avez-vous vu comme le comte Gunther ressemble à un homme qui va mourir ?

GERTRAUD, *frissonnant.*

C'est vrai !

HANS.

Ulrich mort !... Le comte à l'agonie !... La comtesse aux mains de ce médecin de malheur !... Pauvre noble dame !... Oh ! que maudit soit le jour où Gunther de Bluthaupt, son oncle, l'a choisie pour femme... (*Baissant la voix.*) Je sais bien, moi, ce qu'il aurait fallu pour la gloire de la maison... Les trois braves enfants qu'on appelle des bâtards, les frères de la comtesse Margarêthe, Otto, Albert et Goëtz ; voilà ceux qui auraient soutenu dignement le nom de Bluthaupt...

GERTRAUD.

Ne dit-on pas que le testament du comte Ulrich les reconnaissait pour légitimes... et que ce testament a disparu ?...

HANS.

Qu'importe ?.. ils n'en eussent pas profité, ils ne voulaient que le bonheur et la fortune de leur sœur Margarêthe ; ils ont cru que ce mariage avec leur oncle Gunther assurait l'un et l'autre, et ils sont partis pour accomplir l'affranchissement de l'Allemagne.... Ils combattent pour délivrer notre pays de la conquête des Français.... Où sont-ils au milieu de cette guerre terrible? Dieu le sait, et ce n'est pas sur eux qu'on peut compter. Oh ! je crois que vous aviez raison, Gertraud, il n'y a autour de nous que du deuil, et quelque chose de menaçant plane sur cette famille !...

GERTRAUD.

J'ai l'âme serrée par un pressentiment mortel.

KLAUS, *qui est entré avec précaution par la porte à gauche.*

Mam'zelle Gertraud !

GERTRAUD, *avec un mouvement de frayeur.*

Ah ! (*Se rassurant.*) C'est Klaus le chasseur.

HANS.

Que voulez-vous ?

KLAUS.

A vous, rien.

GERTRAUD, *vivement.*

Je sais ce que c'est... Votre commission est faite, n'est-ce pas ?

KLAUS.

Oui.

GERTRAUD.

C'est bien.

HANS, *étonné.*

Une commission ?

GERTRAUD.

Ce matin, la comtesse m'a fait venir auprès de son lit... elle m'a remis une clef avec une lettre, en me chargeant de les donner à Klaus. Klaus a reçu la clef avec la lettre, et il est monté sur le champ à cheval.

HANS.

Une clef !... Une lettre ! (*Il regarde tour à tour Gertraud et Klaus. qui se tient un peu à l'écart muet et immobile.*)

GERTRAUD, *baissant les yeux.*

Ne m'en demandez pas davantage, mon ami... c'est le secret de la comtesse.

HANS, *avec feu.*

Gardez-le, Gertraud, ma douce fiancée, et donnez votre vie avant de le trahir !

GERTRAUD, *serrant une de ses mains entre les siennes.*

Vous êtes bon, et je vous aime !

KLAUS, *s'approchant.*

Votre main, monsieur Hans. (*Il la serre avec une cordialité respectueuse.*)

SCÈNE VII.

LES MÊMES, ZACHŒUS, puis MIRA.

GERTRAUD et KLAUS.

L'intendant !...

ZACHŒUS.

Le Comte repose... vous pouvez vous retirer, Hans, je veille.

HANS, *à part.*

Moi aussi je veillerai..

MIRA, *sortant de la chambre de la comtesse, à Gertraud.*

Retournez, maintenant, auprès de votre maîtresse, ma fille... Je serai là en cas d'alarme. (*Gertraud sort par le fond, Hans et Klaus par la gauche.*)

SCÈNE VIII.

ZACHŒUS, MIRA, puis LE CHEVALIER DE REGNAULT, LE MADGYAR, MOSÈS GELD et HIPPOLYTE VERDIER.

MIRA, *vivement.*

Eh bien ! le comte ?

ZACHŒUS.

Il faiblit à vue d'œil... votre élixir de vie fait merveille !... Et la comtesse ?

MIRA.

Elle est dans l'état que nous pouvons souhaiter.

ZACHŒUS.

Il n'y a pas un instant à perdre. (*Il ouvre la petite porte dans la boiserie, Hippolyte paraît.*)

HIPPOLYTE, *à la cantonade.*

Messieurs, veuillez entrer... (*Entrent Regnault, le Madgyar et Mosès.*)

LE CHEVALIER.

Ah ! ah ! ce n'est pas sans peine ! Bonjour, Verdier. (*Saluant.*) Messieurs, votre serviteur !... La route n'est pas agréable pour arriver jusqu'à vous... On dirait, ma parole d'honneur, l'antichambre du diable.

ZACHŒUS, *à la cantonade.*

Du vin du Rhin et des verres sur cette table !... (*A Hippolyte.*) Tu peux retourner à l'office.

HIPPOLYTE.

Ce n'est pas de refus.

ZACHŒUS.

Qu'il y ait fête en bas suivant les ordres de Monseigneur !

HIPPOLYTE.

Ils ne sont guère à la joie cette nuit... Les imbéciles ne rêvent que sortilèges et diableries...

ZACHŒUS.

Gorge-les de genièvre, et que personne ne puisse entrer ni sortir.

HIPPOLYTE.

On fera ce qu'on pourra. (*Il sort par la gauche; Zachœus ferme la porte sur lui, au verrou.*)

SCÈNE IX.

LES MÊMES, moins HIPPOLYTE VERDIER.

Messieurs, soyez les biens venus. (*Mira et lui placent des sièges autour de la table, sur laquelle un domestique a posé des verres et une bouteille de vin du Rhin; les fioles et le gobelet du Comte sont transportés sur un petit guéridon près de la cheminée.*)

LE CHEVALIER, *avant de s'asseoir.*

Quand on prend des précautions, il ne faut pas le faire à moitié. — Qu'y a-t-il derrière cette tapisserie ?

MIRA.

La Comtesse... dont la vie est en danger.

LE CHEVALIER, *montrant la porte du Comte.*

Très-bien.... et ici ?

MIRA.

L'appartement du Comte, qui lutte contre les dernières étreintes de la maladie.

LE CHEVALIER.

Parfait ! Et personne ne peut pénétrer ici ?

ZACHŒUS.

Personne.

LE CHEVALIER.

En ce cas... causons. (*Ils s'asseyent.*) Où en sommes-nous ?

ZACHŒUS.

Le jour où nous avons juré du fond de notre misère que la fortune des Bluthaupt nous appartiendrait, le jour où pour parvenir à ce but, nous avons décidé le comte Gunther à prendre pour femme sa nièce Margarêthe, je vous ai promis que nous nous réunirions bientôt tous les cinq, et que cette fois nous ne nous quitterions pas les mains vides...

TOUS.

C'est vrai.

ZACHŒUS.

Que vous ai-je fait dire aujourd'hui ?...

LE CHEVALIER.

L'heure est venue... parole mystérieuse et de charmant augure !... aussi demandez à nos honorables amis le Madgyar Yanos Georgyi et le vénérable Mosès Geld... nous avons tout quitté... Depuis Francfort jusqu'ici nous n'avons fait qu'un temps de

galop !
MIRA, *qui a rempli les verres.*
Alors un verre de vin aura son prix... A notre heureuse réunion !
LE CHEVALIER, *saisissant un verre.*
De grand cœur !...
ZACHÆUS.
Un peu plus bas... le Comte a des retours de force inouïs... Ces Bluthaupt sont bâtis de fer.
LE CHEVALIER, LE MADGYAR et MOSÈS.
Ah !...
LE CHEVALIER.
En ce cas...(*Très-bas et relevant son verre.*) A notre réunion de plus en plus heureuse ! (*Ils trinquent silencieusement et boivent.*) Maintenant... au fait, s'il vous plaît... L'enfant est-il né ?
MIRA.
Il va naître.
MOSÈS.
Seigneur ! seigneur ! si c'est un fils, me voilà réduit à la mendicité !
MIRA.
Si c'est un fils, Zachæus et moi nous sommes d'avis qu'il faut employer les grands moyens.
LE CHEVALIER.
A la bonne heure !
LE MADGYAR.
Qu'appelez-vous les grands moyens ?
MIRA.
Seigneur Yanos, ce sont là des explications pénibles...
LE MADGYAR, *brusquement.*
En deux mots, qui allez-vous tuer cette nuit ?
MOSÈS, *reculant.*
Les tuer !... Seigneur !... non, non.
LE CHEVALIER.
Les laisser mourir, voilà tout : notre vaillant camarade a des façons de s'exprimer qui donnent aux choses une physionomie féroce !... Seulement nous savons bien, tous les cinq, quels obstacles nous barrent la route...
LE MADGYAR.
Dites-les !
LE CHEVALIER.
Parbleu !... Gunther de Bluthaupt, sa femme et leur fils.
LE MADGYAR, *avec dégoût.*
Un vieillard !... un enfant !... une femme couchée sur un lit de souffrance, et que nulle épée ne viendra défendre à l'heure lâche de l'assassinat !...
MOSÈS, *d'une voix mystérieuse*
Qui sait ?
TOUS.
Que voulez-vous dire ?
MIRA.
Voulez-vous parler des trois bâtards de Bluthaupt ?
LE CHEVALIER.
Ils sont occupés à fomenter la guerre contre les français et à tenir des conciliabules politiques.
MOSÈS, *d'un air de doute.*
Je me soucie des trois frères de la comtesse, c'est-à-dire de ceux qu'on appelle les bâtards de Bluthaupt, comme des larmes d'un débiteur. Ce ne sont que trois hommes après tout. On les achète ou on les tue. Mais je suis plus vieux que vous, mes fils, et j'ai vécu avec des hommes qui ont vu s'opérer d'étranges miracles dans ce vieux château. On ne tue pas et on n'achète pas les démons, et malgré toutes vos précautions... les trois hommes rouges...
TOUS.
Les trois hommes rouges !
MOSÈS.
Les trois hommes rouges n'ont besoin ni de chevaux pour venir, ni de clefs pour entrer, ni d'épées.
LE CHEVALIER, *éclatant de rire.*
Ah ! ah ! ah ! la délicieuse plaisanterie, les hommes rouges !... ces vertueux ancêtres de la maison de Bluthaupt, trépassés depuis quelque mille ans, et qui posent si agréablement sur l'écusson vermoulu des comtes! (*Il les désigne du doigt.*) Messieurs, je vous propose un toast. (*Il se lève et emplit les verres.*) A la santé des trois hommes rouges !
TOUS, (excepté *Mosès, élevant leurs verres du côté de l'écusson qui est au-dessus de la porte de Margarèthe.*) A la santé des trois hommes rouges !...

SCÈNE X.
LES MÊMES, LE COMTE, (*Le Comte paraît sur le seuil de la porte de son appartement, les habits en désordre et l'œil hagard. Il a peine à se soutenir.*)
LE COMTE.
Merci pour eux, messieurs !...
TOUS.
Le Comte !
LE COMTE.
Mais tandis que vous buvez à la gloire de mes ancêtres, Margarèthe appelle...
MIRA, *se levant.*
Serait-il trop tard ? (*Il entre vivement chez la Comtesse.*)
LE COMTE.
Je vous suis... je veux être le premier à voir les traits de mon fils. (*A Zachæus.*) Maître.... (*Regardant les étrangers qui s'inclinent devant lui.*) Quels sont ces hommes ?... Je ne les connais pas !... Oh ! oh ! le juif de Francfort !... Que vient-il faire ici ? Je ne lui dois plus rien... la vente n'est-elle pas annulée?... Juif, va t'en ! (*D'une voix épuisée.*) Va t'en ! (*Mosès veut obéir.*)
LE CHEVALIER, (*Bas.*)
Restez !

SCÈNE XI.
LES MÊMES, MIRA, puis GERTRAUD.
MIRA, *rentrant.*
Comte, vous avez un fils.
LE COMTE, *se redressant galvanisé.*
Un fils !... un fils !... un fils !!! Ouvrez toutes les portes !... allumez tous les candélabres ! appelez tous mes vassaux jusqu'au dernier, pour qu'ils saluent à genoux l'héritier de Bluthaupt !... Un fils !... Il s'appellera Gunther comme moi... ce nom porte bonheur ! Oui... Gunther... il est riche... va-t'en, juif.. va-t'en... va... va... J'ai peine à me soutenir... mon sang est froid... Docteur... je me sens mourir... (*Sa voix s'est affaiblie, ses jambes fléchissent, il retombe.* Zachæus *prend sur le petit guéridon le breuvage et va verser d'une main timide. Le Chevalier le lui arrache, verse toute la fiole et donne le gobelet au Comte, qui boit.*)
MOSÈS, *bas au Chevalier.*
La dose est forte.
LE CHEVALIER.
Bah ! ce qui est bon ne fait jamais de mal...
GERTRAUD, *accourant tout éplorée.*
Ma maîtresse... ma pauvre maîtresse !...
ZACHÆUS.
Silence !...
GERTRAUD.
Ah ! laissez-moi, vous ne m'empêcherez pas de parler... Écoutez-moi, monseigneur, ils ont tué votre femme ! (*Le Comte se redresse.*)
ZACHÆUS, *s'emparant d'elle.*
Silence, te dis-je !
GERTRAUD, *de toute sa force.*
Écoutez-moi, monseigneur ! Ils vont tuer votre fils ! (*Zachæus lui met un mouchoir sur la bouche.*)
LE COMTE, *épuisé et essayant de marcher.*
Un fils !... de l'or !... la belle nuit pour le sang de Bluthaupt ! (*Il tombe. En même temps le feu de la tour du guet s'éteint subitement.*)
GERTRAUD, *s'échappant des mains de Zachæus.*
Vous ne m'entendez donc pas ?... morte !... morte !... (*Elle recule en poussant un cri à la vue du Comte étendu par terre.*) Ah! MIRA, *qui s'est penché sur le Comte, se dresse tout à coup entre lui et Gertraud.*
Mort !...
LE CHEVALIER, *se rapprochant de Zachæus et de Mira.*
Le Comte et la Comtesse sont morts... mais il nous reste cette jeune fille et l'enfant...
ZACHÆUS.
Cette jeune fille ? on n'ira pas s'inquiéter du sort d'une servante ! (*Il veut l'entraîner, au même instant on entend au dehors une longue clameur et la porte extérieure est secouée avec force.*)
GERTRAUD, *se débattant.*
Laissez-moi !... Au secours !... (*Elle s'échappe, et se réfugie dans la chambre de la Comtesse ; la porte est toujours secouée avec violence ; on distingue la voix d'Hippolyte Verdier.*)
HIPPOLYTE, *au dehors.*
Maître, ouvrez !... c'est moi.
LE CHEVALIER.
C'est Hippolyte Verdier. (*Il va ouvrir la porte.*)

SCÈNE XII.

LES MÊMES, HIPPOLYTE VERDIER.

HIPPOLYTE.
Messieurs, les domestiques de Bluthaupt sont en pleine révolte...

LE CHEVALIER, *froidement*.
Parce que ?

HIPPOLYTE.
Parcequ'on a entendu les cris de la comtesse... le feu de la tour du Guet a cessé de luire... et ils ne veulent pas reposer sous le même toit que le fils du diable !...

LE CHEVALIER, *avec résolution*.
L'enfant est mort.

HIPPOLYTE.
Est-ce vrai ?

LE CHEVALIER.
Il faut que ce soit vrai !... Va dire aux vassaux que le fils du diable est mort. (*Il fait un signe, et tous s'élancent vers la porte de l'appartement de Margarethe, mais les rideaux se soulèvent d'eux-mêmes.*)

SCÈNE XIII.

LES MÊMES, LES TROIS HOMMES ROUGES.

LA VOIX D'OTTO, *encore dans la coulisse*.
Va leur dire que le fils de Gunther de Bluthaupt est vivant. (*Trois hommes, enveloppés de manteaux rouges, et la tête couverte de larges feutres gris, paraissent sur le seuil.*)

TOUS.
Les trois hommes rouges ! (*Ils reculent épouvantés.*)

LE MADGYAR, *tirant son sabre*.
Place !... Le poison est à vous, mais les épées sont à moi ! (*Un des trois hommes rouges, Otto, s'avance au-devant de lui, et avant de se mettre en garde, rejette son feutre en arrière.*)

LE MADGYAR, *qui a déjà levé son sabre, le laissant tomber à terre, et reculant pétrifié*.
Lui !... Ulrich !... Ulrich !... (*La toile baisse.*)

LE FILS DU DIABLE.

PERSONNAGES DE LA PIÈCE.

OTTO.............................	MM. MONTDIDIER.	UNE SENTINELLE..................		SERRES.
ALBERT } personnages muets......		DEUX GARÇONS DE RESTAURANT......		{ SERRES. { LAFOSSE.
GOETZ }				
LE BARON DE GELDBERG }	MATIS.	SARA, comtesse de Reinhold.......		Mmes SARAM FÉLIX.
ARABY }		NOÉMIE...........................		NAPTAL-ARNAULT.
LE COMTE DE REINHOLD.............	ARNAULT.	GERTRAUD, fille de Hans Dorn.....		EMMA.
LE COLONEL YANOS GEORGYI.........	ED. GALLAND.	LA BATAILLEUR....................		SYLVAIN.
LE DOCTEUR JOSÉ MIRA.............	DESVERRIÈRES.	LA MÈRE REGNAULT.................		CLÉMENTINE.
FRANZ............................	G. GUICHARD.	BOUTON D'OR......................		CAROLINE.
HANS DORN........................	LEMAIRE.	LA DUCHESSE......................		ANTONIA.
MAITRE BLASIUS, geôlier..........	COQUET.			
POLYTE (Hippolyte Verdier.)......	ADALBERT.			
JEAN REGNAULT....................	BOUSQUET.			
KLAUS............................	MARTIN.			
LE CHANCELIER DU SÉNAT DE FRANCFORT.	FLEURY.			
UN PORTE-CLEFS...................	BEAUDOIN.			

Deux Huissiers du sénat de Francfort ; deux Agents de police ; deux Guichetiers ; un Inspecteur du carreau du Temple ; Marchands et Marchandes du Temple ; Masques et Dominos ; Hommes et Femmes du peuple ; Actionnaires ; Employés de la maison Reinhold ; Serviteurs ; Domestiques ; Paysans et Soldats allemands.

La scène se passe à Paris et en Allemagne, vingt ans après le prologue.

ACTE I.

DEUXIÈME TABLEAU.

L'intérieur d'un riche cabinet de banquier. A gauche, un large bureau couvert de cartons ; à droite, une causeuse ; et à côté, un petit guéridon. Portes au fond, et latérales.

SCÈNE I.

SARA, FRANZ, KLAUS. (*Sara est assise sur la causeuse ; Franz et Klaus entrent par la porte du fond. Klaus porte trois ou quatre énormes registres.*)

FRANZ.
Posez cela sur ce bureau, M. Klaus. (*Klaus pose les registres avec bruit.*)

SARA.
Qu'est cela ?...

FRANZ.
Madame la comtesse ! Pardon, mille pardons... je ne vous savais pas ici.

KLAUS, *à part*.
Pauvre innocent !

SARA.
Ah ! c'est vous, M. Franz... Quelle est cette montagne de livres ?

FRANZ.
M. de Reinhold m'a donné l'ordre d'apporter ici ces registres, mais il faut encore le grand livre, le journal, et je vais...

SARA, *vivement*.
J'ai à vous charger d'une commission beaucoup plus grave... (*Franz s'incline.*)
Je savais bien...

KLAUS, *sortant*.

FRANZ, *à part*.
Ah ! si ce n'était le souvenir de Noémie... c'est qu'elle est encore jolie à en devenir fou !

SCÈNE II.

SARA, FRANZ.

SARA, *prenant une lettre sur le guéridon*.
Monsieur Franz,.. il faut que vous me fassiez le plaisir de faire porter cette lettre. (*Elle la lui remet.*)

FRANZ, *étonné*.
A madame Bataillour, au Temple, n° 221.

SARA.
C'est une marchande à la toilette qui a dans ce moment-ci à vendre des dentelles merveilleuses...

FRANZ.
J'irai la porter moi-même... c'est à deux pas...

SARA.
J'ai à vous envoyer d'un autre côté ; seulement personne ne doit savoir que j'achète mes dentelles au Temple, pas même mon mari.

FRANZ, *à part*.
Je comprends, elle gagne sur les mémoires... (*Haut.*) Je remettrai la lettre à un garçon de bureau.

SARA, *qui a pris de l'argent dans une bourse*.

Très-bien... Maintenant... (*Elle lui remet des louis qu'elle a enveloppés dans un papier.*)

FRANZ.

Qu'est cela?

SARA.

De l'argent pour aller me prendre des billets du Casino Paganini ; c'est l'ouverture, et je veux assister à son premier bal masqué.

FRANZ, *à part.*

Un bal masqué! oh! si j'osais... (*Haut.*) Vous aurez les billets, madame, et il sera temps alors...

SARA.

Ah!... vous êtes donc bien riche, M. Franz, que vous puissiez me faire une avance aussi considérable?

FRANZ.

C'est un mois de mes appointements que je viens de toucher.

SARA.

Un mois de vos appointements... Que gagnez-vous donc ici?..

FRANZ.

Douze cents francs.

SARA.

Douze cents francs... M. de Reinhold est un... M. de Reinhold n'est pas généreux ; ce n'était pas une place de commis subalterne qu'il vous devait.

FRANZ.

Je ne sache pas que M. de Reinhold me doive quelque chose...

SARA.

Vous n'êtes pas galant, M. Franz.

FRANZ.

Moi... Ah! madame... si vous saviez...

SARA.

Vous pensez donc que mon mari ne tient pas à moi?

FRANZ.

Je sais qu'à sa place j'y tiendrais beaucoup.

SARA, *à part.*

Pas mal... (*Haut.*) Comment, alors, dites-vous qu'il ne vous doit rien, lorsque je périssais sans vous?

FRANZ.

La peur vous a fait croire à plus de danger qu'il n'y en avait.

SARA.

Lorsque emportée par mon cheval, j'allais être précipitée dans une carrière, et qu'au risque de vous faire briser, vous vous êtes élancé au-devant de moi...

FRANZ.

Bien maladroitement, puisque je n'ai pu vous épargner une chute qui vous retient depuis un mois sur une chaise longue, et qui a foulé le plus joli pied de Paris...

SARA.

Ah!

FRANZ.

A ce qu'on dit...

SARA.

On dit vrai.

FRANZ, *à part.*

Je le sais bien... (*Haut.*) D'ailleurs, madame, puisque vous voulez bien le croire, je vous ai sauvée... Permettez-moi de remercier dans mon âme M. de Reinhold de ne m'avoir payé que ce que valait mon travail ; car alors ma bonne action me reste.

SARA.

Quoi, monsieur?

FRANZ.

Oui, si M. de Reinhold m'avait donné chez lui une position bien au-dessus de ce que je vaux, qu'aurait-il fait? il aurait payé le service que je vous ai rendu... je n'aurais donc plus le droit d'en être fier et heureux.

SARA.

Vous ne croyez donc pas à la reconnaissance?

FRANZ.

Ce n'est pas de lui que je la voudrais...

SARA, *après réflexion.*

Quel âge avez-vous, M. Franz?

FRANZ.

Vingt ans.

SARA.

Voilà comme on pense à vingt ans...

FRANZ.

Non, madame, voilà comme on aime, et...

SARA.

Silence!... M. de Reinhold.

SCÈNE III.

SARA, REINHOLD, FRANZ.

FRANZ, *à part.*

Le maladroit, ça allait si bien!

REINHOLD, *à part.*

Encore avec elle...

SARA.

N'oubliez pas mes billets, M. Franz... je compte sur votre exactitude...

FRANZ.

Je vais remplir les ordres de madame la comtesse.

REINHOLD.

Cela est inutile, monsieur Franz ; madame la comtesse n'a plus d'ordres à vous donner ; vous n'appartenez plus à la maison Reinhold et compagnie.

SARA, *bas.*

Monsieur!...

FRANZ.

Ah! (*Après une pause.*) M. de Reinhold, je ne vous conteste certainement pas le droit de me chasser... je suis à vos gages... et je me soumets. Cependant, monsieur le comte, je désire connaître la raison qui vous détermine.

REINHOLD.

Je vais vous l'apprendre ainsi qu'à madame. Vous veniez de Forbach, m'avez-vous dit en entrant dans notre maison?

SARA, *étonnée et écoutant avec anxiété.*

De Forbach...

FRANZ.

Oui, madame...

REINHOLD.

J'ai écrit dans ce pays, et j'ai appris que vous y étiez arrivé il y a quatre ou cinq ans...

SARA.

Il y a quatre ou cinq ans...

FRANZ.

C'est bien cela...

REINHOLD.

Et que vous y aviez vécu...

FRANZ.

D'un pauvre métier, monsieur le comte, du métier de maître d'école. J'avais quinze ans, et j'enseignais à ces pauvres paysans alsaciens, le français que je ne savais guère moi-même. J'avais des écoliers plus âgés que moi... avec qui je jouais aux barres en sortant de la classe... et des écolières que j'oubliais de gronder... une surtout.

SARA.

Une, dites-vous?

FRANZ.

Ah! quelles têtes que ces braves Alsaciens... je ne puis dire ce qu'ils ont appris à mon école, mais je sais que j'ai appris la patience à la leur.

REINHOLD.

Mais à cette époque vous avez subi un jugement?

FRANZ.

C'est encore vrai ; l'instituteur en titre, qui ne savait ni lire ni écrire, fit fermer mon école comme illégale... Ah! les parchemins ont toujours été respectables.

REINHOLD.

Enfin monsieur, vous avez été garde forestier?

FRANZ.

Oui, monsieur le comte, passant mes jours et souvent mes nuits à cheval, sous le froid, sous le soleil, sous la pluie, à l'aventure du ciel, jurant quelquefois, chantant toujours ; et c'est à ce métier que j'ai appris à n'avoir peur ni du couteau d'un voleur, ni du fusil d'un braconnier, ni d'un cheval qui s'emporte et d'un précipice où veille la mort. Je ne pense pas qu'on ait pu vous dire autre chose.

REINHOLD.

C'est vrai, car personne n'a pu me dire d'où vous veniez, ni me dire pourquoi vous aviez quitté Forbach.

FRANZ.

D'où je venais... je le sais à peine moi-même! pourquoi je suis parti, c'est mon secret. Et cependant, monsieur le comte, si comme je le suppose notre destinée est écrite d'avance, dites-vous que je suis parti pour empêcher madame la comtesse de se tuer et pour être chassé par vous.

REINHOLD.

Monsieur Franz.... le caissier est chargé de vous remettre mille écus.

FRANZ.

Monsieur, si j'étais monsieur le comte de Reinhold, l'un des premiers banquiers de Paris, et le mari de madame, j'aurais donné à son sauveur mon amitié si je l'en avais trouvé digne; sinon je lui aurais offert la moitié de ma fortune.

REINHOLD.
La moitié de ma fortune...

FRANZ.
Si vous aviez été Franz le maître d'école, comme j'eusse été le comte de Reinhold, vous eussiez refusé ces millions comme je refuse vos mille écus. Adieu monsieur, adieu madame.

SARA, se levant et passant devant le comte.
Un moment, monsieur Franz!.. monsieur de Reinhold est peut-être quitte envers vous, mais moi, je ne le suis pas... je vous ai prié de faire pour moi une commission, je compte toujours sur votre obligeance, et j'attendrai votre retour. Je serai chez moi.

REINHOLD, bas.
Madame....

SARA, bas.
Je le veux... (Haut.) D'ici là, j'aurai vu mon père; quoique retiré des affaires, le baron de Geldberg a des amis, monsieur Franz, et l'amour qu'il a pour moi m'inspirera ce que je dois faire pour n'être pas ingrate envers vous.

FRANZ.
Tant de bonne grâce est plus que je ne mérite, et j'obéirai, madame...

SARA.
A bientôt. (Franz salue et sort par le fond.)

SCÈNE IV.
REINHOLD, SARA.

REINHOLD.
Sara... c'en est trop... je n'accepterai pas longtemps le rôle ridicule que vous vous voulez me faire jouer.

SARA.
Et moi je ne veux pas du rôle odieux que vous m'imposez.

REINHOLD.
Vous prétendez protéger ce jeune homme?

SARA.
C'est bien le moins pour celui qui m'a sauvée.

REINHOLD.
Tout sauveur et un fat...

SARA.
Celui-ci en a le droit; il est jeune et beau.

REINHOLD.
Il vous plaît?

SARA.
Beaucoup.

REINHOLD.
Vous l'aimez?

SARA.
Peut-être.

REINHOLD.
Il vous fait la cour?...

SARA.
Malheureusement non.

REINHOLD, avec fureur.
Sara!

SARA, froidement.
Monsieur!

REINHOLD.
Tenez, Sara... vous me feriez haïr le genre humain.

SARA.
Je voudrais bien savoir qui vous aimez?...

REINHOLD.
Qui j'aime, Sara!.. mais depuis quinze ans que votre père m'a accordé votre main... vous le savez, vous, qui j'aime.... vous dont j'ai vainement appelé l'amour, vous qui, cachant un cœur de marbre sous une enveloppe de glace, m'avez repoussé tandis que j'obéissais à genoux à toutes vos volontés, à tous vos désirs, à tous vos caprices, vous que rien n'a touchée, vous que rien n'a pu vaincre, sinon cette froide avidité que vous semblez avoir héritée de votre père, vous, ma femme, qui me faites payer jusqu'à vos sourires.

SARA, à part.
C'est que j'ai besoin d'être riche... moi!

REINHOLD.
Vous me demandez qui j'aime, madame? Eh bien! tout à l'heure les associés de la maison Reinhold et compagnie vous le diront, car il faudra bien que je leur dise, moi, pour qui j'ai ruiné notre association.

SARA.
Ruiné. dites-vous?...

REINHOLD.
Oui, madame, ruiné, ou peu s'en faut...

SARA.
Allons donc, monsieur, vous voulez m'épouvanter.

REINHOLD.
Votre père sera présent, et il pourra vous dire ce qu'il en pense.

SARA.
Mon père?...

REINHOLD.
Et peut-être lui expliquerez-vous, à lui, ce que sont devenues les sommes folles que vous avez dévorées?...

SARA.
Monsieur de Reinhold, je ne vous ai pas trompé. Quand vous avez demandé ma main et que mon père m'a dit que ce mariage était indispensable à son honneur et à son salut, je ne lui ai pas fait une objection et je suis venue à vous. Je vous ai dit que j'avais un amour dans le cœur; vous n'en avez tenu compte; je vous ai dit que je ne vous aimerais jamais, vous avez espéré triompher de cette indifférence.

REINHOLD.
Et je n'y ai pas réussi; mais vous m'avez dit aussi, vous, que jamais vous n'oublieriez vos devoirs.

SARA.
Et je vous ai tenu parole.... Mais le cœur de marbre, comme vous dites, enfermait un volcan de passions! Nul amour n'est éternel, m'aviez vous dit...Vous aviez raison, et peut-être eussiez-vous pu ramener à vous toute cette tendresse qui brûlait en moi... mais pour cela il fallait ne pas être un spéculateur froid, avide, implacable, un tortueux agioteur de honteuses affaires; mais l'or vous possède à ce point qu'il est votre seul but et votre seul moyen... Quand l'ennui me prenait dans ce somptueux hôtel dont votre jalousie écartait tout le monde... vous m'offriez de l'or pour des voitures et des chevaux... Quand je plourais... c'était encore de l'or... pour des diamans et des parures; quand je voulais parler à mon père... c'était de l'or pour me faire taire... de l'or pour mes larmes, de l'or pour mon silence, enfin ç'a été de l'or pour satisfaire la seule passion qui me fût permise, le jeu, un vice infâme que vous m'avez donné... Si bien qu'un jour où je vous repoussais pour m'avoir ainsi flétrie et tuée en moi-même, vous avez marchandé mon pardon... vous m'avez offert de l'or pour un simulacre de réconciliation... et c'est vrai ! ce jour-là, j'ai caché l'amertume de mon cœur... et je vous ai vendu un sourire.

REINHOLD.
Ah! Sara, j'aurais voulu avoir les richesses d'un roi pour les mettre à vos genoux!...

SARA.
Vous me demandez ce qu'est devenu tout l'or que vous m'avez donné?.. vous m'avez faite joueuse... j'ai joué... c'est votre crime autant que le mien...

REINHOLD.
Eh bien, soit... mais je vous en supplie, Sara... Sara, dites-moi que vous n'aimez pas ce jeune homme...

SARA.
Est-ce que je sais ce que c'est qu'aimer, moi?... Seulement il me parlait d'une voix libre et heureuse, la joie au front, le sourire aux lèvres, tout plein de l'espérance et de l'insouciance de la jeunesse, et je l'écoutais comme du fond d'un cachot en écoute le chant joyeux d'un oiseau qui a suspendu son vol aux barreaux de votre prison... Et vous le chassez! (Elle va s'asseoir sur la causeuse.)

REINHOLD.
Eh bien! Sara... j'ai tort... j'ai tort... nous ferons quelque chose pour lui, je l'enverrai à notre maison de Francfort...

SARA.
Avec une place de commis...

REINHOLD.
Avec ce qu'il voudra... mais Klaus m'a dit que vous m'attendriez... vous me vouliez quelque chose?...

SARA.
Monsieur le comte, j'ai joué cette nuit, et j'ai perdu vingt-cinq mille francs.

REINHOLD.
Vingt-cinq mille francs!... mais je vous l'ai dit, la maison Reinhold touche à sa ruine.

SARA.
Peut-être!... mais le comte de Reinhold a toujours vingt-cinq mille francs pour faire honneur à la parole de sa femme.

REINHOLD.
C'est plus de la moitié de ce qui reste à la caisse commune.

SARA.

Vous savez bien que je n'entends rien aux affaires... il me faut ces vingt-cinq mille francs...

REINHOLD, *se penchant vers elle, d'une voix émue.*

Et si je te les donnais... Sara ?...

SARA.

Si vous me les donniez ?... (*Elle se lève, et fait un mouvement de répulsion.*) Ah ! tenez, monsieur, non... J'aime mieux m'adresser à mon père. (*Elle sort par la porte à gauche, au deuxième plan.*)

SCÈNE V.

REINHOLD, *seul.*

S'adresser à son père !... elle ne sait donc pas que sa fortune comme la nôtre est prête à s'écrouler... et cela au moment où elle semblait toucher à son apogée. Il faut prendre un parti, il le faut. (*Regardant à sa montre.*) Ils vont venir... Ah ! l'explication sera rude... n'importe... (*On ouvre la porte.*) Ah ! ils sont exacts.

SCÈNE VI.

REINHOLD, puis MIRA, puis YANOS, puis GELDBERG, KLAUS, *annonçant.*

KLAUS.

Monsieur le docteur José Mira !

REINHOLD.

Bonjour, docteur !... comment va ?...

MIRA.

Le froid est glacial... et certes, si ce n'eût été pour vous, je ne fusse sorti pour personne, pas même pour le duc de Portland, mon malade favori.

KLAUS, *annonçant.*

Monsieur le colonel Yanos Georgyi.

YANOS.

Bonjour docteur, bonjour comte... Que le diable vous emporte ! Savez-vous qu'aujourd'hui même, à six heures, nous avons un dîner splendide chez le marquis de Las Aquitas, pour décider la marche que l'armée du prétendant doit suivre en Espagne.

REINHOLD.

Messieurs, les portes sont fermées, personne ne vous entend ; dispensez-vous donc de parler, vous, Mira, de votre malade favori qui aime trop la vie pour vous employer ; et vous, Yanos, de vos conspirations espagnoles, dont vous ne savez pas le moindre mot !...

YANOS.

Hein !

MIRA, *avec humeur.*

Qu'est-ce donc ?

REINHOLD.

Nous ne sommes pas au complet, et je n'aime pas à me répéter. J'attends mon beau-père, le baron de Geldberg.

MIRA.

Ah ! ça, est-ce que ce vieux Mosès Geld est toujours le même ? Est-ce qu'il reste toujours enfermé chez lui toute la journée, sans que personne y puisse pénétrer avant cinq heures ?

REINHOLD.

Toujours...

YANOS.

Que diable peut-il faire ainsi, tout seul ?

REINHOLD.

Demandez-le-lui, car voilà sa porte qui s'ouvre. (*Une porte au premier plan à droite s'ouvre lentement, et M. de Geldberg paraît.*)

GELDBERG, *à Yanos et à Mira.*

Salut, messieurs... (*A Reinhold.*) J'ai trouvé ce matin ce billet sous la porte de mon appartement, monsieur le comte ; vous voyez que je suis exact.

REINHOLD.

J'avais pris votre heure, beau-père... vous voyez que je suis bon enfant.

GELDBERG.

Monsieur.....

YANOS.

Le comte est en gaîté aujourd'hui, ne faites pas attention.

REINHOLD.

Au contraire, mes très-chers, faites parfaitement attention. (*Il leur fait signe de s'asseoir et prend aussi un siège.*)

MIRA.

Sa gaîté me fait peur, il y a toujours quelque malheur dessous.

YANOS.

Ou quelque complot.....

GELDBERG.

Écoutons.

REINHOLD.

Cher beau-père, j'ai prévenu ces messieurs que les portes étaient exactement fermées... Jetons donc bas les masques et les titres, la comédie est bonne pour le salon, mais ici, soyons ce que nous sommes véritablement, quatre hommes de rien, qui avons cherché la fortune par la même voie...

MIRA.

Qui y sommes arrivés....

REINHOLD.

Et qui sommes prêts à retourner d'où nous sommes partis.

MIRA et YANOS.

Hein !

GELDBERG, *avec calme.*

Le jour où vous avez arraché à cette vieille main la direction des affaires pour la confier à M. de Reinhold... j'avais prévu ce qui arrive.

REINHOLD.

Jolie direction, maître Mosès ! des opérations de prêteur sur gage, des bénéfices de gros sous, une fourmi qui amassait des grains de sable.

GELDBERG.

J'en avais fait une montagne... Mais qui avait fourni l'argent pour le marché, si ce n'est moi ?.. Depuis vingt ans, mes avances sont englouties dans la tombe de ce Gunther.

REINHOLD.

Et à qui la faute, messieurs, si ces magnifiques domaines ne sont pas encore en notre possession ? Elle est toute à vous, Yanos, qui avez reculé comme une vieille femme devant la figure de ce déterré qui s'est montré au pied du lit de la comtesse, au moment où nous allions faire disparaître l'enfant. Si bien que le bruit de sa naissance s'est répandu, et que, lorsque Mosès armé de son contrat s'est présenté aux tribunaux de Francfort pour se faire adjuger les biens du comte, on lui a demandé de prouver qu'un fils n'était pas né dans cette nuit fatale.

YANOS.

Je me battrai tant que vous voudrez contre des hommes, mais non pas contre des fantômes.

REINHOLD.

Stupide niaiserie !... cela nous a valu un jugement du tribunal de Francfort qui, admettant la naissance de l'enfant comme possible, a mis les domaines de Bluthaupt sous le séquestre, et qui, appliquant à cet héritier la loi des absents, a ordonné que ses biens ne nous seraient définitivement acquis qu'après l'expiration du délai légal. Voilà vingt ans que nous attendons !...

MIRA.

Mais nous n'avons plus qu'un mois à attendre, et cela en toute sécurité... car l'enfant... est mort.

YANOS.

Ce n'est pas moi qui l'ai tué... un enfant de quatre ans !...

REINHOLD.

C'était le tour de Mosès, et il était trop intéressé à l'affaire, pour ne pas remplir son devoir...

GELDBERG, *avec humeur.*

J'ai fait ce que je devais... continuez...

REINHOLD.

Qu'est-il résulté de tout cela ? une magnifique opération sans doute, mais ajournée à vingt ans... et en attendant il fallait vivre. Eh bien ! messieurs, qui est-ce qui a profité du trouble qu'ont jeté dans toute l'Europe les événements de 1815, pour vous présenter à Paris, vous, Yanos, comme un vaillant colonel de l'armée hongroise ? Qui est-ce qui vous a fait compter vos séances à la salle d'armes pour des campagnes ? Qui vous a changé vos parchemins de charlatan, maître Mira, contre des diplômes de médecin ?... Et quant à vous, beau-père, qui a changé vos guenilles de la Judengasse contre de beaux billets à ordre, votre échoppe contre une maison de banque, et votre nom de Mosès Geld, conspué à Francfort, contre le nom de baron de Geldberg, respecté et honoré à Paris ? C'est moi, mes maîtres, c'est moi.

GELDBERG.

Je reconnais les services de chacun ; mais cette maison dont vous avez eu l'idée, qui l'a dirigé jusqu'en 1830, qui l'a fait prospérer ? c'est moi, monsieur... et il y avait des millions en caisse, lorsqu'elle passa de mes mains dans les vôtres ; nous avions un crédit immense et maintenant...

REINHOLD.

Notre crédit est épuisé, et dans huit jours, il sera perdu.

MIRA.

Comment cela ?

REINHOLD.

Parce que dans huit jours, nous avons deux cent mille francs d'échéances et que nous n'avons que cinquante mille francs en caisse.

GELDBERG.

C'est impossible... (*Ils se lèvent.*)

REINHOLD.

Voici mes livres...

YANOS.

Vous savez bien que c'est un jargon auquel je ne comprends rien... Où sont donc passées les ressources de la maison?...

REINHOLD.

Dans vos perpétuelles orgies, colonel Yanos; dans vos visites à Frascati, docteur Mira...

GELDBERG, *à Reinhold.*

Et dans le luxe insensé de vos fêtes, de vos voitures, de votre table...

REINHOLD.

Où règne en souveraine votre fille, qui tout à l'heure encore me demandait...

GELDBERG.

Vous demandait...

REINHOLD.

Tenez, laissons là les reproches, et pour parler la langue du docteur, maintenant que nous connaissons la maladie, songeons au remède.

YANOS.

Il y en a donc un?...

REINHOLD.

Il y a ma *Tontine du travail*...

MIRA.

Encore quelque folie!...

REINHOLD.

Une folie qui nous mettra dix millions dans les mains en moins de deux mois. Car ce n'est pas aux riches que je demande leur argent, mais au pauvre, à l'ouvrier, et le pauvre, l'ouvrier est confiant parce qu'il est honnête.

GELDBERG.

Je connais l'opération, elle peut être bonne...

REINHOLD.

Mais pour qu'elle le soit, il ne faut pas que notre crédit ait reçu le moindre échec. Que cette fin de mois soit enlevée, et tout ce qui se fomente autour de nous de petits soupçons, se dissipe comme par enchantement! nous atteignons triomphalement le terme fatal qui nous met dans les mains une propriété qui à elle seule est une fortune, et alors, messieurs, nous voyons où venir l'argent. Aujourd'hui je ne trouverais pas dix mille francs sur notre signature, dans un mois, nous trouverons dix millions. Que nous faut-il donc?... deux cent mille francs... c'est à nous tous à nous saigner pour nous créer cette dernière ressource... et vous d'abord, Moses Gold, vous devez avoir des économies.

GELDBERG.

A quoi bon parler de quelques centaines de francs que j'ai peut-être dans un coin, lorsqu'il s'agit d'un million à payer, et non pas de deux cent mille francs, comme le dit monsieur de Reinhold?

REINHOLD.

Vous devenez fou, beau-père...

GELDBERG.

Non, monsieur, non... je n'ai pas besoin de vos livres, moi, pour faire des comptes. Le budget de l'Europe tiendrait là (*montrant son front*), voyez-vous. Je sais et je me rappelle... Dites-moi, ancien maître Zachœus, notre associé, est mort il y a deux ans, assassiné par l'un de ces trois Bluthaupt?...

REINHOLD.

Qui pourrissent maintenant au fond des prisons de Francfort.

MIRA.

Heureusement!

GELDBERG.

Comment avez-vous réglé la part de notre association qui revenait au baron de Rodach, l'héritier et le neveu de Zachœus.

REINHOLD.

En traites, de mois en mois, sur notre maison

GELDBERG.

Endossées par chacun de nous. Eh bien, combien s'en est-il présenté depuis deux ans?...

REINHOLD.

Pas une seule...

GELDBERG.

Et il y en a vingt d'échues, vingt d'exigibles, vingt de quarante mille francs!... or, vous pouvez avoir à la fin du mois, demain, aujourd'hui, cette somme énorme à payer... et vous prétendez vous sauver avec deux cent mille francs... Non... la ruine est imminente, elle sera consommée... il n'y a rien à faire.

MIRA.

C'est juste, et je n'irai pas risquer le peu que j'ai amassé.

YANOS.

Et moi, je ne ferai pas de nouvelles dettes.

GELDBERG.

Et moi... je me retirerai dans quelque mansarde.

REINHOLD.

Et moi je ferai faillite? Et parce que vous n'êtes pas en nom, je porterai tout le fardeau, toute la honte?... Non, de par tout les diables!... non!... non! misérables fous que vous êtes!... Mais songez donc; dans un mois le domaine de Bluthaupt, la *Tontine du travail*, et nous reculons devant quoi?... devant une supposition? car enfin pourquoi ces traites qui n'ese sont pas présentées à leurs échéances, viendraient-elles précisément aujourd'hui? Le baron de Rodach a disparu, et avec lui tous ses papiers, avec lui toute trace de cette créance... Songez-y, messieurs, songez-y...

MIRA.

Eh bien, je puis faire cinquante mille francs... mais je veux un engagement qu'ils me seront remboursés sur votre part des biens de Bluthaupt.

REINHOLD, *souriant avec ironie.*

C'est entendu.

YANOS.

Je puis trouver aussi quelques capitaux, mais la terre de Bluthaupt m'en répondra.

REINHOLD.

J'y consens... et vous, Mosès?

GELDBERG.

Moi, je n'ai rien... mais j'ai au Temple un vieil ami, qui a quelquefois des économies.

REINHOLD.

Ah... cet inexorable Araby, le roi des usuriers, qui prête son argent à cinq pour cent?..

GELDBERG.

Araby est un honnête homme qui a toujours payé à échéance... Mais vous-même... monsieur...

REINHOLD.

J'ai à toucher le prix des loyers du Temple dont je suis personnellement le principal locataire... j'ai dit à Hippolyte Verdier...

GELDBERG.

Quoi? à ce drôle?...

REINHOLD.

Oui, à ce drôle, qui nous a si bien servis il y a vingt ans...

YANOS.

Ah! ah!... Eh bien?

REINHOLD.

Je lui ai dit de presser les rentrées de mes agents... Que chacun tienne sa parole, comme je tiendrai la mienne, et, dans un mois, nous serons les seigneurs de Bluthaupt!

SCÈNE VII.

LES MÊMES, FRANZ et SARA.

SARA, *entrant vivement*

Venez, venez, Franz!... (*Elle voit M. de Geldberg.*) Mon père...

GELDBERG.

Ah! sois la bien-venue, petite... ma fille chérie! (*Il l'embrasse.*)

SARA.

Mon père, monsieur le comte, voici l'événement le plus incroyable, le plus inattendu.

REINHOLD, *à part.*

Encore ce monsieur!.. (*Haut.*) Mais, madame...

SARA.

Ah! vous vouliez le chasser, monsieur de Reinhold; mais vous ne savez donc pas qui il est...

REINHOLD.

Je crois vous avoir prouvé le contraire.

SARA.

Oui, vous savez ce qu'il a été à Forbach... mais avant...

REINHOLD.

Eh bien, avant?..

GELDBERG.

Oui, qu'était-il?... car il m'intéresse, ce jeune homme, il t'a sauvée, et je ne veux pas qu'on lui fasse du chagrin.

SARA.

Rappelez-vous, mon père, un soir que je vous attendais dans notre maison de Lansberg, près Francfort.

GELDBERG, *réprimant un mouvement.*

Il y a bien long-temps de cela, mon enfant; il y a seize ans, et ma pauvre mémoire....

SARA.
Mais il est impossible que vous l'ayez oublié... Rappelez-vous donc... J'étais si alarmée de ne pas vous voir revenir, que j'allai au devant de vous sur la route de Mensk ?...

YANOS, *frappé.*
Sur la route de Mensk ?...

MIRA, *de même.*
Il y a seize ans ?

REINHOLD, *de même.*
Vers le mois de septembre peut-être ?

SARA.
Précisément.....

GELDBERG, *à part.*
O Dieu du ciel !... Serait-ce possible ?

REINHOLD.
Continuez... Eh bien !.....

SARA.
Eh bien ! après avoir avoir marché près d'une heure, j'arrivai aux carrières de pierre rouge qui bordent le bois de Garneff.

REINHOLD.
Le lieu était bien choisi.....

GELDBERG, *à part.*
Oh ! que va-t-elle dire ?

SARA, *à son père.*
Vous alliez vers la forêt portant dans vos bras un enfant de trois ou quatre ans...

GELDBERG, *tremblant.*
Eh bien !...... Cet enfant ?

MIRA, YANOS et REINHOLD.
Cet enfant !

FRANZ, *riant.*
Cet enfant, c'est moi, messieurs...

GELDBERG, YANOS, REINHOLD, MIRA, *avec effroi.*
Lui !

REINHOLD, *à part.*
Ah ! Mosès Geld... infâme vieillard...

YANOS, *à part.*
Il ne l'a pas tué...

GELDBERG, *à part.*
Je me sens mourir !..

SARA.
Vous rappelez-vous, mon père, que j'arrivai à temps ? Vous étiez pâle, tremblant, vous ne pouviez plus voussoutenir... Alors, je pris l'enfant dans mes bras... Je vous ai porté dans mes bras, monsieur Franz... et nous rentrâmes à la maison, où vous me permîtes de l'adopter et où je lui appris à lire, jusqu'au jour...

REINHOLD.
Jusqu'au jour ?...

SARA.
Où vous arrivâtes pour demander ma main, monsieur le comte, jour où l'enfant disparut...

REINHOLD.
Qu'en avez-vous donc fait, monsieur le baron ?..

GELDBERG, *avec embarras.*
Je ne sais... il s'échappa... il se perdit...

FRANZ.
C'est-à-dire qu'on me perdit, car je me rappelle qu'un domestique m'emmena dans la forêt, où je m'endormis épuisé de fatigue; puis, à mon réveil, je me trouvai seul. Un bûcheron me ramassa; sa femme, qui avait huit enfants à nourrir, et à qui je prenais une part du pain qu'elle gagnait à grand' peine, me vendit, je crois, à un saltimbanque qui m'amena en France. Au bout d'un an, je me sentis mourir d'ennui ; j'aimais le ciel, l'air, la campagne, la liberté ; je m'échappai... J'avais dix ans, j'avais du cœur, j'étais résolu, et j'appris à gagner ma vie... J'allais de village en village, faisant les commissions de l'un, gardant les troupeaux de l'autre, jusqu'au jour où j'arrivai à Forbach, bon pays, où se serait arrêtée ma course vagabonde, car c'est là que j'ai trouvé le premier cœur qui m'ait aimé pour ma misère, c'est là que j'ai trouvé cette enfant à laquelle vous paraissiez tant vous intéresser, madame ; et si je suis venu à Paris, c'est qu'on me l'a enlevée... Voilà ma vie, voilà qui je suis, messieurs, et je ne comprends, pas, en vérité, pourquoi vous faites une si triste mine à un pauvre enfant perdu qui donne sa vie au hasard, et qui ne demande rien à personne...

REINHOLD, *bas à Yanos.*
Il ne sait rien... mais Mosès...

SARA.
Eh bien ! le renverrez-vous encore ?...

REINHOLD, *souriant avec effort.*
Monsieur Franz... non, certes, et s'il veut bien oublier la manière un peu vive dont je lui ai parlé...

FRANZ.
Permettez-moi de m'en souvenir, au contraire; car cette parole m'a fait comprendre la cause de ce vague tourment qui me faisait bondir d'impatience sur la chaise de mon bureau. Il me faut la liberté, l'air, le mouvement, le soleil...

REINHOLD.
Mais comment vivrez-vous ?....

FRANZ.
Je suis l'enfant du hasard, il me protégera en père.

REINHOLD.
Vous n'avez ni famille, ni ami.

FRANZ.
Personne ne me regrettera donc, si je succombe dans la lutte.

SARA.
Et Noëmie ?...

FRANZ.
Est-ce que je vous ai dit son nom ?... Eh bien, madame, Noëmie, m'a-t-on assuré, a été emmenée par une femme qui a dit qu'elle était la fille d'une riche comtesse... Qui sait si maintenant elle ne mépriserait pas le pauvre vagabond... Non, madame, non... Je vivrai si je peux... je mourrai s'il le faut... mais ce sera à ma guise... La France se bat encore en Algérie, et elle a toujours pour ses enfants les plus misérables, un noble habit pour les vêtir et un noble drapeau pour les abriter... Quand j'aurai dépensé mon dernier sou, je commencerai ma fortune, je me ferai soldat... Adieu messieurs, adieu madame, vous qui avez eu pitié de mon enfance, soyez bénie!

SARA.
Vous qui m'avez sauvé la vie, soyez heureux! (*Franz sort par le fond.*)

SCÈNE VIII.

GELDBERG, SARA, YANOS, REINHOLD, MIRA.

REINHOLD, *à Yanos et à Mira.*
Suivez-le... ne le quittez pas, il ne faut pas qu'il nous échappe cette fois...

MIRA.
Cela vous regarde autant que nous...

REINHOLD.
Suivez-moi donc, venez. (*Bas à Geldberg qui s'est assis sur la causeuse.*) Monsieur le baron de Geldberg... nous aurons à causer ensemble. (*Ils sortent sur les pas de Franz.*)

SCÈNE IX.

GELDBERG, SARA, *puis* KLAUS.

GELDBERG.
Ah ! nous sommes perdus... perdus...

SARA.
Qu'est-ce donc, mon père ?...

GELDBERG.
Ah ! Sara... ma fille chérie, ma seule consolation, mon seul amour... il faut quitter la France; mais je ne fuirai pas avec ce misérable Reinhold...

SARA.
Mon mari...

GELDBERG.
Tu le suivras ?...

SARA, *vivement.*
Ah ! mon père... non...

GELDBERG.
Ah ! tu fuiras donc avec moi !...

SARA, *à part.*
Ni avec l'un ni avec l'autre, mais avec ma fille bien-aimée... avec ma Noëmie.

GELDBERG.
Sara, il faut nous hâter.... dans huit jours, tout sera déclaré.

SARA.
Monsieur de Reinhold ne me trompait donc pas en me refusant l'argent que je lui demandais ?...

GELDBERG.
Il t'a refusé de l'argent ?...

SARA.
Ce matin même...

GELDBERG.
A toi, mon enfant, à toi Sara, à qui j'ai donné pour dot de quoi enrichir une reine...

SARA.
Il m'a refusé vingt-cinq mille francs.

GELDBERG.
Vingt-cinq mille francs, petite ? vingt-cinq mille francs ! mais c'est une fortune... comment as-tu besoin d'une pareille somme ?...

SARA.
J'ai joué...

GELDBERG.
Tu as joué, petite ?... joué... quoi ! tu as risqué sur une carte argent qu'on a tant de peine à gagner ?... joué !... joué !...

SARA.
Oui, mon père, et j'ai perdu...

GELDBERG.
Perdre l'argent que tu n'avais pas... mais c'est une folie ! ais tu me trompes... tu ne dois pas vingt-cinq mille francs ?...

SARA.
Je les dois si bien, mon père... que si je ne les ai pas payés aujourd'hui même... on dira partout que la comtesse de Reinhold...

GELDBERG.
Et que m'importe le nom de cet homme ?

SARA.
Que la fille du baron de Geldberg est une femme sans honneur, sans probité...

GELDBERG.
Non... non... on ne le dira pas... Dis-moi ceux à qui tu dois, je les verrai... je prendrai des arrangements... ils accepteront vingt-cinq pour cent...

SARA.
Mon père !...

GELDBERG.
Eh bien ! trente... quarante...

SARA.
Une dette de jeu...

GELDBERG.
Mais qui t'a donc appris à jouer ?

SARA.
L'ennui... le malheur...

GELDBERG.
Tu es donc malheureuse ?... ah ! misérable Reinhold... c'est lui qui m'a entraîné dans ces dangereuses affaires.

SARA.
Mais qu'est-ce donc enfin ?

GELDBERG, *baissant la voix.*
N'as-tu jamais entendu parler de Bluthaupt ?

SARA.
Ah ! si, mon père...

GELDBERG.
N'as-tu pas entendu parler de ces trois bâtards Goëtz... Albert... et...

SARA.
Et Otto ?... (*A part.*) Oh ! oui, je le connais celui-là.

GELDBERG.
Ne sais-tu pas que ce sont eux qui m'ont disputé le domaine de Bluthaupt, prétendant qu'il appartenait à un héritier qui n'est jamais né...

SARA.
Qu'importe ? dans un mois le domaine vous revient.

GELDBERG.
Non... car cet héritier... ce misérable qui va me dépouiller de ma dernière ressource... c'est ce Franz...

SARA.
Le fils du diable !... mais vous venez de dire qu'il n'était pas né. (*Klaus qui est entré depuis quelques instants, un registre sous le bras, s'arrête à ce nom et écoute.*)

GELDBERG.
C'est vrai... je le croyais... C'est une histoire épouvantable... horrible, et nous sommes ruinés... vois-tu... je n'ai plus rien... et tu dois vingt-cinq mille francs !... tu nous a déshonorés aussi... Sara... mon enfant, ma chérie, mon seul bien... Oh ! ce détestable enfant !... il vit encore... c'est un héritier supposé ! ce n'est pas le fils de Gunther, je le prouverai...

KLAUS, *au fond.*
Le fils de Gunther !...

GELDBERG, *se retournant.*
Qu'est-ce ?... qu'y a-t-il ?... Que voulez-vous ?...

KLAUS.
C'est une dame qui demande à parler à madame la Comtesse. (*Il remet une carte à Sara.*)

SARA *à part.*
La Batailleur !...

GELDBERG.
Serait-ce celle à qui tu dois cet argent ?

SARA, *troublée.*
Précisément, mon père... précisément... et de peur d'une esclandre... je vais...

GELDBERG.
Restez, ma fille... restez, et recevez-la ici... dites-lui que je me charge de la dette... Moi, je rentre, j'ai des papiers à mettre en ordre, des comptes à régler... (*En sortant.*) Vingt-cinq mille francs, mon Dieu... vingt-cinq mille francs !... (*Il sort par la porte du premier plan à droite.*)

SARA, *dès qu'il est sorti.*
Faites entrer. (*Klaus introduit la Batailleur, et continue à observer, dans le fond.*)

SCÈNE X.

SARA, LA BATAILLEUR, KLAUS *dans le fond.*

LA BATAILLEUR.
J'accours, madame... vous voyez... un costume complet de marchande à la toilette... rien qui puisse vous compromettre.

SARA.
C'est bien...

LA BATAILLEUR.
Ah ! ça, il y a donc du nouveau ?

SARA.
Rien, quand je t'ai écrit ce matin ; mais depuis quelques heures, plus que je ne puis t'en dire à présent. Eh bien, cette petite maison de Fontainebleau ?...

LA BATAILLEUR.
Tout est convenu... On vous la vend toute meublée... mais on attend les vingt-cinq mille francs...

SARA.
Peut-être ne les aurai-je pas... peut-être faudra-t-il prendre une partie de l'argent que je t'ai confié.

LA BATAILLEUR.
Ça demandera quelques jours... Le vieil Araby chez qui je l'ai placé... s'en est servi pour son commerce... Et les vendeurs sont pressés...

SARA.
Et moi aussi, car je ne veux pas que ma fille reste plus longtemps dans la misérable retraite où tu l'as cachée... moi-même, il faut que je parte...

LA BATAILLEUR.
Ça, c'est plus facile... mon Polyte n'a pas été marchand de chevaux pour rien...

SARA.
Eh bien, demain... (*Voyant Reinhold paraître, vivement et bas à la Batailleur.*) Silence...

SCÈNE XI.

SARA, LA BATAILLEUR, REINHOLD, KLAUS *toujours au fond.*

REINHOLD.
Un mot, Sara... un mot, je vous en supplie. (*Bas.*) Quelle est cette femme ?

SARA.
Ma marchande de dentelles qui venait...

REINHOLD, *bas.*
Pour un mémoire peut-être ?...

SARA, *de même.*
Peut-être... mais qu'est-ce donc ?

REINHOLD.
Cette aventure de Lansberg m'est suspecte... J'en veux savoir tous les détails.

SARA.
Demain, monsieur...

REINHOLD.
A l'instant même !... vous savez la demeure de... ce jeune homme ?...

SARA.
Moi ?...

REINHOLD, *se dirigeant avec elle vers le premier plan à gauche.*
Vous la saurez. Venez... il faut que nous restions seuls... il s'agit de notre salut à tous.

SARA.
(*A part.*) Et lui aussi !... (*Bas à la Batailleur.*) Va, pars... à demain, chez toi... je te dirai...

REINHOLD, *se retournant.*
Je vous attends.

SARA, *après avoir fait un signe à la Batailleur qui s'éloigne par le fond.*
Me voici. (*Elle sort par une porte au premier plan à gauche.*

REINHOLD, *en suivant Sara.*
(*A part.*) Et maintenant, malheur au fils du diable ! (*Il sort.*)

KLAUS, *sur le seuil de la porte au fond.*
Et nous chez Hans Dorn. (*Il sort en refermant la porte.*)

SCÈNE XII.

GELDBERG, *sous le costume d'Araby.*

(*A peine les personnages de la scène précédente sont-ils sortis, que la chambre de Geldberg s'ouvre. Un vieillard, en costume misérable d'usurier avec une casquette à large visière qui cache ses traits, en sort. Le vieillard regarde de tous côtés, ferme avec précaution la porte, et dit :*)

Ils sont partis... maintenant au Temple. (*Il sort par une porte cachée dans la boiserie au second plan, à droite.*)

(*La toile tombe.*)

ACTE II.

TROISIÈME TABLEAU.

La prison de Francfort. Une cellule étroite éclairée au premier plan à droite par une fenêtre garnie de barreaux. Au fond, la porte d'entrée. Une lampe et une Bible sur la table, à gauche.

SCÈNE I.

OTTO, UN PORTE-CLEFS. (*Otto est assis auprès de la table.*)

LE PORTE-CLEFS, *entrant.*
Voici votre dîner. (*Il pose sur la table un plat couvert, un broc et un pain.*)

OTTO.
Peste! Les magistrats de Francfort se mettent en frais. Est-ce fête, ou bien doit-on nous pendre demain, qu'on nous donne du pain blanc?

LE PORTE-CLEFS.
La police n'a rien changé à l'ordinaire de la prison, (*baissant la voix.*) mais il y a encore de bonnes âmes à Francfort, qui ont pitié de la misère des prisonniers, et qui se souviennent des bâtards de Bluthaupt.

OTTO.
Et quel est le cœur reconnaissant qui a dépensé quelques kreutzers pour me faire manger ce pain?

LE PORTE-CLEFS.
Celui-là s'appelle Hermann.

OTTO, *vivement.*
L'ancien serviteur de Bluthaupt?

LE PORTE-CLEFS.
Et il a dépensé trois kreutzers pour le pain et dix florins pour que je vous le remette.

OTTO.
Comment?

LE PORTE-CLEFS.
Silence!... Si maître Blasius, le directeur de la prison, savait ce que je fais là... s'il voyait ici un seul morceau de pain blanc...

OTTO.
Ne crains rien... Je le mangerai jusqu'à la dernière croûte... *Le Porte-clefs sort.*)

SCÈNE II.

OTTO, *seul.*

Hermann! quel espoir!... Voyons... (*Il brise le pain et en tire un papier.*) Une lettre!... une lettre de Hans!... Lisons. (*Il s'assied.*) « Mon bien-aimé seigneur, j'attendais toujours une lettre » de vous ou de vos bons frères, Albert et Goëtz. Je sais enfin la » cause de votre long silence... Après avoir déjoué tant de fois, » depuis dix-neuf ans, la surveillance de la police allemande, » vous êtes enfin tombé dans ses pièges... et voilà deux années » que vous êtes dans la prison de Francfort!... » — Oui, deux ans, et c'est à peine s'ils m'ont servi à apprendre les détours de cette forteresse, et à endormir quelquefois la défiance de mon geôlier... (*Il reprend.*) « Le temps est venu... Bluthaupt a besoin » de vous... l'enfant que vous m'aviez confié, l'enfant qui m'a » été enlevé, et que vous croyiez mort, le fils du comte Gunther, » n'a pas succombé aux coups des ennemis de sa race... il vit... » (*S'interrompant.*) Il vit!... Oh! Margarèthe! ma sœur, si détestablement assassinée!... ton fils vit.... Oh! je lui rendrai sa fortune et son nom!... Mais continuons. (*Lisant.*) « Il vit... Mais » ce que les assassins n'ont pas fait, il y a quatorze ans, ils veu- » lent le faire maintenant, car ils ont retrouvé ses traces, et je » suis seul pour le défendre!... et je ne sais où il est. » (*Parlé.*) Ils me menacent encore!... Eh bien! nous serons ils... il faut que nous soyons libres... libres pour quelques jours seulement, peut-être un mois... Oui, en un mois on a le temps d'agir... (*Il semble hésiter un instant.*) Agir!... Entre les coupables et moi, je trouverai la fille de Mosès Gold... la femme de ce Reguault... Sara!... (*Il devient rêveur.*) Sara!... Elle était bien belle!... et quand elle me donna son amour à moi, pauvre proscrit, dont elle ne savait pas même le nom, je lui ai laissé le désespoir et la honte... aujourd'hui ce sera la misère et le désespoir!... Pauvre Sara!... (*Il passe sa main sur son front.*) Ah! je croyais avoir jeté hors de mon cœur tout souvenir de cet indigne amour!... Honte sur moi!... Le fils de Margarèthe est en péril... Albert et Goëtz n'attendent plus qu'un signal. (*Il hésite encore.*) Albert! Goëtz! frères chéris!... Ce signal, c'est peut-être leur arrêt... N'importe, il le faut. (*Il prend sa lampe et la place sur la fenêtre entre les barreaux.*)

UNE SENTINELLE, *dans la cour.*
Prisonnier, arrière, ou je fais feu.

OTTO, *sans paraître l'entendre.*
Ont-ils vu mon signal! (*Il met sa tête entre les barreaux.*)

LA SENTINELLE.
Une fois!... deux fois!...

OTTO, *de même.*
Rien encore!

LA SENTINELLE.
Trois fois! (*Otto ne bouge pas. — Un coup de feu part et brise la lampe placée sur la fenêtre.*)

OTTO, *froidement.*
On aurait pu viser plus mal. (*A lui-même.*) Bon! leur lampe s'éteint... ils m'ont compris! (*On entend un grand bruit de pas dans le corridor, la clef tourne dans la serrure; la porte s'ouvre; les guichetiers paraissent d'abord, et l'un d'eux apporte de la lumière.*)

SCÈNE III.

OTTO, BLASIUS, DEUX GUICHETIERS.

OTTO, *encore seul et dans l'obscurité.*
Et maintenant, cachons ce pain. (*Il le place dans un coin à gauche.*)

BLASIUS, *en dehors.*
Aux armes!... alerte!... et feu sur qui tentera de sortir!...

OTTO, *à part.*
J'espérais bien cette visite-là.

BLASIUS, *entrant effaré.*
Qu'y a-t-il?... Pourquoi ce coup de feu?...

OTTO.
Parce que je regardais s'il y a des étoiles au ciel.

BLASIUS.
C'est la consigne!... Que diable! depuis deux ans vous devriez le savoir... Mais le maladroit ne vous a pas touché, j'espère?...

OTTO.
Comme vous voyez...

BLASIUS.
A la bonne heure!... Mon joueur... mon beau joueur!... qui donc m'aurait donné revanche pour notre partie d'hier au soir?

OTTO.
Votre revanche?... Oh! oh! nous n'en sommes pas là... et me voici encore prêt à vous tenir tête!... Et à vous gagner vos florins.

BLASIUS.
C'est ce que nous allons voir! (*A un des guichetiers.*) Ma boîte de trictrac, ma pipe et des verres... (*A Otto.*) Ah ça! seigneur Otto, quelle rage avez-vous donc de tenter le sort? Ne savez-vous pas que le noble sénat de Francfort ne serait pas fâché de s'épargner un jugement pour lequel il manque de preuves contre vous et vos frères, et qu'il se réjouirait que votre imprudence et la balle d'un factionnaire réglassent vos comptes? (*Un des guichetiers apporte la boîte de trictrac qu'il place sur la table.*)

OTTO.
Il n'y a que de lâches coquins qui puissent donner une pareille consigne contre un prisonnier enfermé entre des murs de dix pieds et de barreaux de fer de trois pouces.

BLASIUS.
Voilà ce que c'est que d'avoir une réputation de feu follet et de brise-verrous... Vous qui savez, dit-on, changer de visage aussi facilement que d'habit, au point de vous jouer des yeux les plus clairvoyants, vous avez trompé tant de surveillances, que toutes

les mesures sont bonnes... Quelle idée, après tout, d'aller vous mettre à la tête de toutes les sociétés secrètes qui remuent sourdement l'Allemagne !... Aussi, êtes-vous bien recommandé ! (Il va s'asseoir à la table.)

OTTO, *s'asseyant aussi.*

Très-bien.

BLASIUS.

Si bien, que, si je vous laisse échapper, nos seigneurs du sénat de Francfort, qui ont peur de la Prusse et de l'Autriche, ne parlent rien moins que de la potence !...

OTTO.

Je serais désolé de vous y voir, maître Blasius.

BLASIUS.

Et moi donc !... La potence, vous sentez, c'est un peu fort... mais dans une ville libre, on fait les choses autrement que chez les peuples esclaves, et il ne faut pas plaisanter. (*Un autre guichetier place sur la table une bouteille, deux verres, la pipe et un pot de tabac ; il emporte le broc et le plat couvert.*) Voyons... laissons cela !... Je me sens en veine et je vous parie quinze florins... (*Il tire sa bourse.*)

OTTO.

Tenus !

BLASIUS.

Ah ! ah ! nous allons voir !

OTTO, *affectant une très-grande gaieté.*

Nous allons voir !

BLASIUS, *regardant sa montre.*

Cinq heures !... diable !... (*A un guichetier.*) Allez donner l'ordre de changer les sentinelles !... (*Congédiant le second guichetier.*) C'est bien !... qu'on fasse la ronde dans une demi-heure... (*La porte se referme.*)

OTTO, *arrangeant le trictrac.*

Ah ! maître Blasius, l'excellent geôlier que vous faites !...

BLASIUS.

Vous êtes bien bon... Versez-nous donc à boire... (*Ils boivent.*) Et commençons.

OTTO.

vous l'honneur !...

BLASIUS.

Eh ! eh ! prenez garde à vous ! (*Il secoue le cornet et jette les dés.*) Terne !

OTTO.

Bon ! (*Il jette les dés à son tour.*) Bezet

BLASIUS.

Mon cher prisonnier, ce n'est pas pour vous flatter... vos frères sont à d'aimables gentilshommes, mais j'aime encore mieux votre partie que la leur. (*Jetant les dés et saluant.*) Monsieur, j'adoube !... Ma foi, si vous avez un défaut, c'est d'être trop discret pour un cavalier de votre tournure !

OTTO, *distrait.*

Vous trouvez ?

BLASIUS.

Oui, trop discret et trop distrait, car vous voilà bredouille !

OTTO, *jetant son cornet.*

Je pensais à ce que vous me disiez tout à l'heure, des folies de ma jeunesse.

BLASIUS, *bourrant sa pipe.*

Dam ! vous voyez où cela vous a mené !... Vous vouliez donner la liberté à l'Allemagne, et vous voilà entre quatre murailles...

OTTO.

C'est vrai...

BLASIUS.

Et menacé de la peine des assassins pour le meurtre du patricien Zachœus Nesmer...

OTTO, *gravement.*

Cet homme est tombé dans un combat loyal.

BLASIUS.

J'en suis sûr et vos juges aussi ; mais ils feront semblant de croire le contraire, jusqu'à ce que vous leur ayez livré le secret des associations secrètes. Mais pour cela, comme pour autre chose, vous êtes muet.

OTTO.

Moins que vous ne croyez...

BLASIUS, *rangeant les dames.*

A une autre !

OTTO, *l'arrêtant.*

Et pour vous le prouver, je vais vous raconter une histoire.

BLASIUS.

Voyons, j'aime les histoires... C'est quelque drôlerie ?

OTTO.

Vous allez en juger... Maître Blasius, vous vous rappelez le vieux comte Gunther de Bluthaupt ?

BLASIUS.

Le mari de votre sœur, mort il y a vingt ans.

OTTO.

Non... assassiné !

BLASIUS.

Assassiné ?...

OTTO.

Un héritier de Gunther existe .. mais il y a bien des menaces de mort autour du fils de notre sœur !... Sur cinq meurtriers lâches et infâmes qui ont tué Margarèthe et son mari, l'un est mort par le fer... C'est Zachœus Nesmer. Mais les autres jouissent en paix de l'héritage de leurs victimes... et après avoir assassiné le père et la mère, ils poursuivent l'enfant, dont ils ont retrouvé la trace.

BLASIUS.

Ah ! diable !... ceci n'est pas réjouissant.

OTTO.

Et l'enfant est seul... sans appui... et l'enfant ignore jusqu'à sa naissance !... tandis qu'eux, les assassins, ont de leur côté puissance et fortune.

BLASIUS.

Ah ! ça, mein-herr Otto, à quoi diable voulez-vous en venir avec cette histoire lamentable, dont je vous préviens que je ne crois pas un mot ?... Est-ce à m'attendrir ?

OTTO.

Peut-être.

BLASIUS.

Jouons.

OTTO, *qui a prêté l'oreille depuis quelque temps.*

Il y a temps pour tout, maître. (*Il se lève.*) Écoutez-moi bien.

BLASIUS, *se levant aussi.*

Encore ?

OTTO.

Vous avez été pour moi un geôlier charmant, et je vous en suis très-reconnaissant ; c'est donc à regret que je vais me voir forcé de prendre congé de vous.

BLASIUS, *étonné et souriant.*

Ah ! bah !... Pour aller ?...

OTTO.

A Paris.

BLASIUS, *éclatant.*

Ah ! ah ! ah !... la bonne plaisanterie... Ah ! le charmant compagnon que vous faites, mein-herr Otto !...

OTTO, *lui montrant le sol.*

Écoutez donc !... (*On entend un bruit sourd.*) Vous avez entendu quelquefois ce bruit, maître ?

BLASIUS, *tressaillant.*

Jamais !...

OTTO.

Moi, je l'entends tous les jours, depuis que je songe aux moyens d'aller mettre trois bonnes épées entre le poignard des assassins, et la poitrine du fils de ma sœur...

BLASIUS.

Otto !... mein-herr Otto !... ne raillez pas !...

OTTO.

Je ne raille pas... Deux prisonniers à force de travail ont creusé une voie souterraine... Écoutez... ils avancent...

BLASIUS, *voulant sortir.*

Alors, je cours...

OTTO, *doucement.*

Restez donc... (*Il tire un pistolet de dessous ses vêtements.*)

BLASIUS.

Auriez-vous l'intention ?...

OTTO.

Fi donc !... (*Le tenant en respect.*) Je ne veux pas que vous vous dérangiez... Tenez, ils touchent aux glacis... Écoutez... Une dernière pierre est ébranlée... Elle tombe... Elle est tombée !

BLASIUS.

Miséricorde !...

OTTO.

Et maintenant, silence. (*En ce moment, on entend le nom d'Otto répété dans le lointain ; Otto et Blasius qui se trouvent près de la fenêtre se penchent et prêtent l'oreille.*) C'est Goëtz !

BLASIUS.

Goëtz !... (*Second cri dans le lointain.*)

OTTO.

Et Albert !

BLASIUS.

Albert ! (*Il fait un mouvement.*)

OTTO, *le menaçant toujours de son pistolet.*

Restez, maître... notre partie était de quinze florins, vous venez d'en gagner cinq mille.

BLASIUS.

Laissez-moi !

LE FILS DU DIABLE.

OTTO.

Je dis cinq mille florins... (*Il tire un portefeuille de sa poche.*) Et je vous les livre à l'instant, en échange de votre capote de geôlier...

BLASIUS.

Laissez-moi !

OTTO.

Vous m'avez dit souvent que le sénat de Francfort vous avait promis la corde si vous laissiez évader un de nous... Eh bien ! Albert et Goëtz galopent en ce moment sur la route de France; or donc, à l'heure qu'il est, vous êtes aux deux tiers pendu ; eh bien ! moi, je vous offre cinq mille florins et l'impunité, car il faut aussi que je parte !

BLASIUS.

Jamais !... vous valez les deux autres à vous tout seul.

OTTO, *avec prière.*

Il s'agit d'un pauvre enfant, du fils de notre sœur... Ayez pitié...

BLASIUS

Non.

OTTO.

Prenez garde, c'est vous qui l'aurez voulu !

BLASIUS.

Seigneur !

OTTO.

Écoutez... Si je vous faisais un serment sur ce saint livre... (*Il désigne une Bible placée sur la table.*) Y croiriez-vous ?

BLASIUS.

J'y croirais... puisque je ne puis pas faire autrement.

OTTO, *étendant la main.*

Eh bien ! donnez-moi cet habit, et je vous jure que Goëtz, Albert et moi, nous serons ici dans un mois, je le date de ce jour... et vous resterez, aux yeux du sénat, la perle des geôliers de l'Allemagne. Si, au contraire, vous refusez ce marché, je reste ; mais ni Goëtz ni Albert ne rentreront jamais, et si vous n'êtes pas pendu, vous pourriront dans quelque cachot obscur.

BLASIUS, *avec désespoir.*

C'est vrai. Jurez donc...

OTTO.

Je le jure... sur mon honneur, et devant Dieu...

BLASIUS, *la tête entre ses mains.*

Il suffit... Mais si les magistrats venaient à découvrir ?...

OTTO.

Il y a deux ans que nous sommes prisonniers, et les magistrats ne sont jamais venus nous visiter. Allons, maître, mes frères m'attendent !...

BLASIUS, *avec solennité.*

Je suis un pauvre vieillard, mein-herr Otto, et le ciel punit les parjures ! Voici mes vêtements... que Dieu vous protége !

OTTO, *lui offrant son portefeuille.*

Voici l'argent !

BLASIUS, *le repoussant.*

Les pauvres prieront pour vous. (*Otto le jette sur la table et endosse précipitamment la capote de Blasius. On entend sonner six heures à l'horloge de la prison.*)

OTTO, *d'une voix grave.*

Maître, il est six heures, et nous sommes au cinq février... Si le cinq mars, à six heures, vous ne nous entendez pas frapper à cette porte, c'est que nous serons morts !... (*Il relève le capuchon de sa capote et sort, tandis que Blasius tombe anéanti sur son siége. La toile tombe.*)

QUATRIÈME TABLEAU.

Le Temple. A droite, les carrés ; à gauche, une partie de la rotonde ; à l'angle d'un des carrés, au premier plan, à droite, on distingue la boutique de la Batailleur, *marchande de frivolités.* Cette boutique est ouverte sur le côté et sur la face ; en face, au premier plan, la place de la mère Regnault. Du même côté, et avant la rotonde, une maison avec cette enseigne : *Hans Dorn, marchand d'habits.* Dans la rotonde, la boutique d'Araby, indiquée par plusieurs objets dépareillés pendus à la porte. Au fond, sur la place, le café de la Girafe.

SCÈNE I.

LA BATAILLEUR, MÈRE REGNAULT, KLAUS, HANS DORN, puis GERTRAUD, VENDEURS, ACHETEURS.

(*C'est l'heure du carreau du Temple. Tous les marchands sont à leur poste. On distingue la Batailleur devant sa boutique de frivolités, la mère Regnault assise tristement devant sa place. Quelques acheteurs passent et repassent. Au fond, sur la place, ce sont des marchands d'habits ambulants qui font leurs marchés entre eux. Un inspecteur traverse les groupes. Quelques individus portant des paquets de hardes entrent chez Araby et en ressortent bientôt après en comptant de l'argent. Une troupe de masques traverse la place poursuivie par les huées des gamins et jette le désordre dans le marché. Tableau très-vif et très-animé.*)

LA BATAILLEUR, *avec volubilité.*

Voyez-moi ça !... Faites votre choix !... la vue n'en coûte rien... Gants de chevreau qui n'ont jamais servi, à douze sous la paire... Satin et batiste pour cravates... Dentelles pour jabots... Bas de soie... Brillants pour chemises... et généralement tout ce qu'il faut à un joli monsieur comme vous, mon bourgeois. (*Un passant s'est arrêté devant la boutique, mais la troupe de masques se rue en chantant et le met en fuite. Pendant ce temps, Hans Dorn sort de chez lui, et remonte la scène, en ayant l'air de chercher quelqu'un.*)

LA BATAILLEUR, *à la mère Regnault.*

Ça va-t-il un peu chez vous, la mère Regnault ?

LA MÈRE REGNAULT.

Ma place est malheureuse...

LA BATAILLEUR.

Mais il me semble que Jean, avec son orgue...

MÈRE REGNAULT.

Pauvre enfant ! il fait ce qu'il peut...

LA BATAILLEUR.

Il est vrai que le nouvel entrepreneur des fermages du Temple, le Bausse, comme ils disent, n'est pas tendre quand il s'agit de ses loyers !... Ah ! ça, qu'on disait donc sur le carreau que vous aviez un autre fils que Jean?... qui avait fait fortune... aux Indes, en Alsace... Je ne sais pas, moi !... On dit qu'il avait commencé c'te grande fortune en emportant la tirelire du défunt père Regnault... (*La mère Regnault fait un mouvement de colère.*) Oh ! je n'en sais pas plus long, moi... Mais voyons, ferme un peu la vente. (*La mère Regnault se lève et rentre. La Batailleur à elle-même.*) Pauvre femme?... Si on n'avait pas besoin de toutes ses économies pour convoler avec son Polyte. (*Changeant de ton.*) Satin pour cravates, dentelles pour jabots, bas de soie, boucles de souliers, jarretières, rubans, fichus, ridicules. (*A une femme.*) Ça vous ira comme un gant, mon bel ange, c'est tout neuf et pas cher !...

KLAUS, *qui redescend la scène avec Hans.*

Voilà qui est convenu... Demain soir, mardi gras, à huit heures... rendez-vous général à la Girafe... Tous les anciens de Bluthaupt y seront.

HANS, *en confidence.*

Et peut-être aurons-nous de bonnes nouvelles à leur apprendre.

KLAUS.

Chut !... alors on boira du vin du pays, et l'on chantera des chansons du même crû.

HANS.

C'est dit ; à demain ! (*Klaus s'éloigne. Hans, à lui-même.*) Cependant, je suis fâché qu'ils aient choisi le café de la Girafe... C'est là qu'a établi son domicile cet Hippolyte Verdier, autrefois le complice du chevalier de Regnault, aujourd'hui le confident de monsieur le comte de Reinhold. (*On entend dans l'éloignement le son d'un orgue de Barbarie. Au même instant on voit Gertraud sortir de chez Araby.*)

GERTRAUD, *regardant du côté où l'orgue se fait entendre.*

C'est lui ! c'est Jean.

HANS, *l'apercevant.*

Enfin. (*Il va vers elle.*) Je vous y prends, mademoiselle !...

GERTRAUD, *confuse.*

Mon père !...

HANS.

On vous cherche partout... on est inquiet de votre absence... et vous êtes installée là-bas !... Ah ça, me direz-vous ce que vous faites tous les jours chez cet Araby, l'usurier le plus avide, le coquin le plus odieux ! Voyons, répondez-moi !

GERTRAUD, *avec hésitation.*

Mon père... je vous assure...

HANS.

Mon père, mon père... Je vais vous dire, moi, ce que vous y allez faire... (*Changeant de ton.*) Il y a là une pauvre enfant à qui le vieil usurier refuse tout, jusqu'à un morceau de pain...

GERTRAUD.

Pauvre Noëmie !...

HANS.

La petite servante, la galifarde, comme ils disent dans leur jargon.... ne l'ai-je pas entendue souvent vous appeler son bon ange, et dire que sans vous elle mourrait sous les mauvais traitements de son maître ! Vous avez beau vous cacher comme si vous aviez honte, je vous devine, moi, et je parie que vous venez de partager votre goûter avec elle...

GERTRAUD.

C'est vrai.

HANS.

On ne m'en passe guère, voyez-vous !... Et vous seriez encore avec la pauvre galifarde, si certain orgue de Barbarie...

GERTRAUD, avec reproche.

Oh ! mon bon père !...

HANS, souriant.

Allons, c'est assez gronder.... et puisque je t'ai fait de la morale, il est juste que j'en paye les frais... Tiens ! (*Il lui donne de l'argent.*) Voilà pour t'acheter quelque chose...

GERTRAUD, étonnée.

Une pièce d'or... vous avez donc fait une bien belle affaire aujourd'hui ?...

HANS.

Mais oui, mais oui, je ne suis pas mécontent...

GERTRAUD.

Merci, mon bon père... (*A part.*) J'en aurai besoin bientôt peut-être...

HANS.

Embrasse-moi, maintenant, ma petite Gertraud, et sois toujours bonne comme l'était ta pauvre mère. Mais, crois-moi, ne t'amuse pas trop à écouter les airs des orgues de Barbarie.

GERTRAUD.

Vous savez bien, petit père...

HANS.

Je sais qu'il faut que je sorte... et que s'il venait quelqu'un en mon absence, il ne trouverait personne à la maison.

GERTRAUD.

Est-ce que vous attendez quelqu'un ?

HANS.

Un beau jeune homme de vingt-cinq ans, fier, alerte ! (*A part.*) Fou que je suis, j'oublie qu'il y a quinze ans que je ne l'ai vu, et depuis ce temps il a tant souffert qu'il ne ressemble plus sans doute à ce qu'il était autrefois.

GERTRAUD.

Qu'est-ce donc ?

HANS, à part.

Hermann aura-t-il pu lui faire parvenir ma lettre ? (*Haut.*) Gertraud, qui que ce soit qui vienne me demander, prie-le de m'attendre.

GERTRAUD.

Oui, père.

HANS.

Adieu, mon enfant... à bientôt... (*Il l'embrasse et s'éloigne.*)

SCENE II.

LA BATAILLEUR, GERTRAUD, JEAN. (*La place du Temple est toujours couverte de monde ; quelques masques passent et repassent. Depuis quelques instants on a vu le joueur d'orgue, Jean Regnault, se glisser au milieu des groupes, son orgue sur le dos. Au moment où Gertraud vient de quitter son père qui s'éloigne, et où elle va pour rentrer chez elle, Jean, après avoir déposé son orgue près de la place de sa mère, se trouve sur le passage de Gertraud. La Batailleur est toujours occupée de sa vente.*)

GERTRAUD, s'arrêtant.

Jean !...

JEAN, tournant sa casquette entre ses mains.

Pardon, si je vous arrête comme ça, mam'selle Gertraud...

GERTRAUD.

Votre tournée est finie ?...

JEAN.

Je n'ai pas eu de chance... mais je ne vous avais pas vue encore aujourd'hui.

GERTRAUD, souriant.

Vous croyez donc que je vous porte bonheur ?...

JEAN.

Vous portez bonheur à tous ceux qui vous aiment.

GERTRAUD, sérieuse.

Vous me dites bien souvent que vous m'aimez, Jean... mais vous n'avez pas confiance en moi...

JEAN, vivement.

Ah ! si j'étais heureux !... Dieu sait que toute ma joie serait pour vous, mam'selle Gertraud !... mais pourquoi vous mettre de moitié dans ma tristesse ?...

GERTRAUD, avec reproche.

Jean, vous ne m'aimez pas !

JEAN.

Mon Dieu !... quelquefois je voudrais bien que cela fût vrai !... Je me dis : Elle est si gaie, si heureuse !... et moi je n'ai que de la misère à lui donner... Ah !... mais j'ai beau me dire cela, je vous aime !... je vous aimerai toujours !

GERTRAUD.

Si je souffrais, moi, je me consolerais à vous parler de mes peines... mais vous ne me dites rien !... et c'est par des étrangers que j'apprends le malheur qui menace votre mère !...

JEAN, avec amertume.

Est-ce donc déjà la nouvelle du Temple ?... moi, je ne le sais que d'hier, Gertraud !... mais il y a des gens qui aiment à deviner la détresse d'autrui... Qui vous a dit cela ?

GERTRAUD, doucement.

Qu'importe !... Rassurez-moi plutôt...

JEAN, avec un soupir.

Ah ! ce n'est que trop vrai !... La pauvre femme a l'air d'être bien vieille ; c'est qu'elle a eu tant de chagrins ; je ne suis pas son seul fils, j'avais un frère aîné qui était déjà un homme, que je n'étais qu'un enfant.

GERTRAUD.

Qui a disparu, qui a... On m'a conté ça.... c'est donc vrai ?

JEAN.

Oui... et voilà ce qui a porté un coup terrible à ma mère... Il y a de ça une vingtaine d'années... voilà ce qui l'a rendue comme vous la voyez. Mais elle n'a pas encore l'âge qui exempte de la prison !... Hier soir, elle m'a avoué tout cela en pleurant... La prison !... la prison à son âge !... Moi, je suis fort... je n'ai pas peur des mépris du monde... tout ce que je demanderais, c'est qu'on me prît à sa place pour l'enfermer et me faire souffrir !...

GERTRAUD, lui tendant la main.

Jean, vous êtes un bon fils !

JEAN.

C'est qu'elle en mourra !

GERTRAUD

Si vous vouliez m'en croire, Jean !... Moi, j'ai bien réfléchi à votre situation... Voyons, promettez-moi d'en passer par tout ce que je voudrai...

JEAN.

Vous savez bien que je vous obéis toujours, mam'selle Gertraud.

GERTRAUD.

Je veux une promesse.

JEAN, la regardant avec hésitation.

Pourquoi ?

GERTRAUD, d'un ton caressant.

Vous me refusez ?

JEAN, à demi vaincu.

Non... cependant... (*On entend la voix de Polyte qui chante :*)

Frère Barbançon
Bon, bon,
Payez-vous de l'eau-de-vie ?
Oui, oui,
Aux sous-officiers de la garnison.

LA BATAILLEUR, sortant vivement de sa boutique.

C'est son organe !... Quel rossignol !...

GERTRAUD, à Jean.

Ah ! ce vilain homme... il faut que je rentre, mais écoutez, Jean, il faut aussi que je vous parle... Ce soir, après votre tournée, venez...

JEAN.

Mais...

GERTRAUD.

Je le veux.

JEAN.

J'irai.

GERTRAUD.

A ce soir. (*Elle rentre dans sa maison et en referme la porte ; Jean entre dans la boutique de sa mère.*)

SCENE III.

LA BATAILLEUR, POLYTE, en costume de carnaval, MASQUES, puis JEAN, puis REINHOLD.

TOUS LES MASQUES, entrant du fond.

Ohé ! ohé ! la Girafe ! ohé !

POLYTE, entrant et appelant dans la coulisse à droite, au fond.

Par ici, la Duchesse !... par ici, Bouton d'or ! (*La Duchesse et Bouton d'or accompagnées par un débardeur entrent.*) Bouton d'or, vous êtes l'amour des amours !

TOUS.

Vive Polyte !

POLYTE, à la Girafe.

Ohô! marchand d'eau chaude! (*Un garçon paraît*) A dîner pour tout le monde... chaud dans la grand' salle... boisson à mort... fricot ruisselant... et pas mal de rôti, c'est moi qui paye...

TOUS.

Vive Polyte!

POLYTE.

Ah çà, en attendant le dîner et le bal, piquons des ut... la ronde du Temple!

TOUS.

La ronde du Temple!

RONDE.

Air nouveau de M. Amédée Artus.

POLYTE, *seul*.

Ohé! les chineurs,
Les niolleurs,
Les chicards,
Les flambards,
Revendeurs
Ou flâneurs!

CHOEUR.

Au Temple à grands flots arrivez!
Brocantez, mastiquez, buvez!
Le Temple, mes amis,
C'est le vrai paradis
De Paris.

Premier Couplet.

POLYTE, *seul*.

Entrez dans ce bazar immense,
Où le commerce en raccourci,
Au rabais livrant sa puissance
Se gouverne à votre merci.
On y tient la mode nouvelle,
Pour tous les prix, pour tous les goûts.
Et même on voit plus d'une belle
Parfois y trouver un époux...
Ohé! les chineurs,
Les niolleurs,
Les chicards,
Les flambards,
Revendeurs
Ou flâneurs!

CHOEUR.

Au temple à grands flots arrivez!
Brocantez, mastiquez, buvez,
Le Temple, mes amis,
C'est le vrai paradis
De Paris.

Deuxième Couplet.

POLYTE, *seul*.

De combien de métamorphoses
Ce lieu possède le secret!
Divins appas, et lis, et roses,
On y tient tout au grand complet,
A vos plaisirs, dame ou lorette,
Tout vient ici prêter secours,
Car tout s'y vend ou s'y rachète
Au plus grand profit des amours!...
Ohé! les chineurs,
Les niolleurs,
Les chicards,
Les flambards,
Revendeurs
Ou flâneurs.

CHOEUR.

Au temple à grands flots arrivez;
Brocantez, mastiquez, buvez!
Le Temple, mes amis,
C'est le vrai paradis
De Paris.

Troisième Couplet.

POLYTE, *seul*.

Mais du Temple voici la fête!
Voici la nuit du bacchanal,
Et tout Paris gaiement s'apprête
A nous payer son carnaval.
Alors tout se masque et tout change...
Plus d'une femme, alors, dit-on,
Pour son mari devient un ange,
Et pour son amant un démon!
Ohé! les chineurs,
Les niolleurs,
Les chicards,
Les flambards,
Revendeurs

Ou flâneurs!

CHOEUR.

Au Temple à grands flots arrivez!
Brocantez, mastiquez, buvez!
Le Temple, mes amis,
C'est le vrai paradis
De Paris.

On danse sur la ritournelle.

LE GARÇON, *rentrant*.

Le dîner est servi!

POLYTE.

Vivat! allons-y gaiement... (*Tous entrent au café de la Girafe; Polyte va les suivre, lorsqu'il aperçoit Jean qui sort de chez sa mère.*)

POLYTE, *allant à Jean*.

Tiens! cette rencontre! Jean Regnault... un rossignol à tuyaux... un ancien qui a appris les principes de la musique sous les mêmes professeurs que moi!... Tu cultives donc toujours les arts d'agrément?... ça va bien, mon bonhomme?...

JEAN.

Monsieur!...

POLYTE.

Monsieur! à ton Polyte!... à un camarade, à un vieux qui t'a appris à chanter *la Colonne*?

JEAN, *reprenant son orgue*.

Faites excuse... je n'ai pas fini ma journée, moi!... (*Il s'éloigne par le fond, à droite.*)

POLYTE, *pendant la sortie de Jean*.

Oh! oh! plus que ça de lip.?!

LA BATAILLEUR, *sortant de sa boutique et allant à Polyte, dont elle pince le bras*.

Eh bien! on se donne les gants de me faire poser?...

POLYTE.

Jamais, Joséphine, jamais!... Vous connaissez l'état de mon cœur. Vous y régnez en souveraine et sans partage... la nuit, le jour, le matin, le soir... avant, pendant et après le repas...

LA BATAILLEUR.

La mène-t-il cette langue!... qu'êtes vous venu faire ici?

POLYTE.

Je suis venu pour vous dire que je ne puis pas durer plus longtemps comme ça... que ça me maigrit...

LA BATAILLEUR.

Pour ça?

POLYTE, *à part*.

Et pour autre chose... Où donc est le Bausse?

LA BATAILLEUR.

Si vous étiez si pressé, vous viendriez me voir plus souvent.

POLYTE, *à part*.

Plus souvent.

LA BATAILLEUR.

Je suis sûre que vous ne vous êtes pas occupé de ce que je vous ai demandé il y a huit jours.

POLYTE.

La voiture... pour cette fuite... d'une belle dame?

LA BATAILLEUR.

Songez qu'il ne faut pas qu'on puisse savoir où elle ira.

POLYTE.

Soyez tranquille, c'est moi qui mène, et les chevaux sont aveugles. Mais pour qui cette voiture?...

LA BATAILLEUR.

Ah! dam, c'est une drôle d'histoire.

POLYTE.

Est-ce qu'il y a un mari qui joue le bœuf enragé?

LA BATAILLEUR, *riant*.

Tiens!...

POLYTE.

Ah! cette farce...

LA BATAILLEUR.

Et celui-ci ne l'a pas volé... un grand maigre, blême, poussif... (*Le comte de Reinhold, a paru pendant ce dialogue, s'est approché de Polyte et lui frappe sur l'épaule.*)

POLYTE, *surpris*.

Le Bausse!

LA BATAILLEUR, *à part*.

Lui! est-ce qu'il se douterait de quelque chose? (*Elle s'éloigne.*) Gants de chevreau, rubans, dentelles, voyez... voyez...

REINHOLD, *à voix basse*.

Eh bien?...

POLYTE, *de même*.

L'oiseau est retrouvé...

REINHOLD.

J'ai reçu ton avis... mais es-tu bien sûr?...

POLYTE.

Vingt ans, petit, fluet, brun, rageur, et il répond au nom de Franz.

REINHOLD.
C'est cela... et tu l'as vu?

POLYTE.
Je l'ai vu hier encore, dans un estaminet du quartier latin.

REINHOLD.
Ah!...

POLYTE.
Il a joué... il s'est fait plumer, et à cette heure il est régalé...

REINHOLD.
Comment?

POLYTE.
Pas un radis.

REINHOLD.
Après?

POLYTE.
Voilà.

REINHOLD.
Mais c'était une occasion... il est mauvaise tête... et cette querelle convenue...

POLYTE, *enflant ses joues.*
Allez donc vous y frotter, vous!... j'avais mitonné la plus jolie petite bagarre... les pots de bière et les tabourets allaient que c'était une bénédiction!... Eh bien! il n'a rien gobé du tout!... au contraire, il en a pris deux par la nuque pour aplatir les autres... c'est petit... c'est grêle... c'est gentil!... on croirait qu'avec une chiquenaude on va écraser ça comme une mouche... mais ouiche!...

REINHOLD.
Monsieur Hippolyte Verdier, vous n'avez pas changé depuis vingt ans...

POLYTE.
Mais je m'en vante!

REINHOLD.
Vous me faites toujours l'effet d'un poltron.

POLYTE.
Ça dépend de la manière de voir. Ah! ça, mais vous y tenez donc toujours, vous, à casser une aile à ce poulet?... En ce cas là, pourquoi ne faites-vous pas l'affaire vous-même?... c'est une occasion, comme vous dites, et vous êtes tout porté!

REINHOLD.
Hein?

POLYTE.
C'est aujourd'hui le lundi... et la bourse étant vide, il va venir biblotter ses petites frusques au Temple, afin de gambiller ce soir. (*Il ébauche un pas grotesque.*)

REINHOLD.
Est-ce certain?

POLYTE.
C'est moi qui lui ai donné les adresses de ces dames...

REINHOLD.
Et il va venir?...

POLYTE.
Est-ce que je vous aurais dérangé si je n'en étais pas sûr...

REINHOLD.
Eh bien, veille ici, découvre-le, et viens me prévenir. Je serai dans un fiacre à deux pas, devant l'église de Sainte Elisabeth, je t'y attendrai...

POLYTE.
Seul?

REINHOLD.
Non, avec celui qui fera ce que tu n'as pas su faire.

POLYTE.
Ah dame! chacun son genre... Allez, je reviendrai du côté de la rotonde, c'est là qu'il a affaire; et voici l'heure que je lui ai indiquée.

LA BATAILLEUR, *voyant qu'on emmène Polyte.*
Polyte!... Polyte!... Est-ce que vous me quittez?

POLYTE.
J'en ai la douleur, ma reine... mais on reviendra. (*Il va rejoindre Reinhold au fond.*)

SCÈNE IV.

LA BATAILLEUR, SARA, OTTO. (*Sara entre vivement et comme poursuivie par quelqu'un; elle porte un voile épais et regarde avec inquiétude derrière elle.*)

SARA, *entrant par la rue à gauche, entre la maison de Hans Dorn et la Rotonde.*
Ah! c'est toi, enfin...

LA BATAILLEUR.
Miséricorde... ne bougez pas.

SARA.
Qu'est-ce donc?...

LA BATAILLEUR, *montrant.*
Voyez... le Bausse... M. le comte, veux-je dire... (*Reinhold quitte Polyte, et sort par la droite, tandis que ce dernier entre au café de la Girafe.*)

SARA.
Mon mari... ici... Et cet homme... tiens, regarde... (*Elle désigne la gauche.*)

LA BATAILLEUR.
Avec ce grand chapeau et ce manteau noir... (*Un homme en manteau traverse lentement la scène en jetant un regard inquisiteur sur Sara, et sort par la droite. Après sa sortie :*) On voit bien que nous sommes en carnaval!... (*A Sara.*) Mais, entrez... vous serez plus en sûreté dans ma boutique.

SARA, *regardant au loin.*
Il s'éloigne... mon Dieu, il ne songeait pas à moi, peut-être... Je me laisse prendre à des terreurs folles...

LA BATAILLEUR.
Il faudrait de bons yeux pour vous reconnaître sous ce voile.

SARA.
C'est qu'à mesure que j'approche du but, je deviens chaque jour plus craintive. Si mon mari, dont la jalousie ne demande qu'à avoir des armes contre moi... si mon père venait à découvrir un jour que ma vie entière n'a pas été sans tache, il me tuerait, j'en suis sûre... (*plus bas*) et il la tuerait!...

LA BATAILLEUR.
Quelle idée!... Mais... vous ne deviez venir que demain...

SARA.
Demain il serait peut-être trop tard... si tu savais...

LA BATAILLEUR, *la faisant asseoir devant sa boutique.*
Qu'est-ce donc?...

SARA.
Nous avons des ennemis acharnés.

LA BATAILLEUR.
Vous, les plus braves gens de Paris!...

SARA.
C'est une terrible histoire, va... Il y a bien longtemps, trois hommes, trois frères, jurèrent la ruine de mon père et de ses associés : c'était à propos d'un domaine dont ils prétendaient que l'on avait dépouillé le fils de leur sœur...

LA BATAILLEUR.
Eh bien! il y a donc jugés, on l'a, ça aura pris fin...

SARA.
Pour ces hommes-là... il n'y a que la vengeance... Oh! la première a été cruelle et implacable...

LA BATAILLEUR.
Que voulez-vous dire?

SARA.
Cette faute dont je souffre depuis seize ans... c'est l'un d'eux qui me l'a fait commettre... il vint à moi me disant qu'il m'aimait, m'endormant de ses douces paroles, m'enivrant de son amour, de ses serments; je l'aimai et je crus en lui, jusqu'au jour où il se releva, l'insulte et le rire à la bouche, devant moi qui pleurais tout éperdue de mon crime, pour me dire : Fille du juif maudit de Francfort... sois maudite et perdue!...

LA BATAILLEUR.
Est-ce possible, mon Dieu?...

SARA.
Oui, ce fut ainsi... Mais sais-tu ce qui arrive aujourd'hui?... c'est que cet héritier prétendu que ces trois hommes ont juré de venger, a reparu.

LA BATAILLEUR.
En vérité?...

SARA.
Et cet héritier est complice sans doute des infâmes projets de ses oncles; il connaît Noëmie... il l'aime... elle l'aime peut-être ; et peut-être, si je ne l'arrache pas d'ici, ma fille entendra-t-elle bientôt résonner à son oreille cette parole fatale : Petite-fille du juif maudit de Francfort, sois maudite et perdue comme ta mère...

LA BATAILLEUR.
Oh! pour ça, madame... il y a une chose dont je puis vous répondre... c'est que personne n'approche jamais la boutique du bonhomme Araby et que Noëmie ne parle jamais à qui que ce soit...

SARA, *se levant.*
N'importe... je veux partir, partir avec elle... Toi, tu placeras cette nouvelle somme... (*Elle lui remet un portefeuille.*) Ah! que m'importe la ruine de notre maison, pourvu que ma fille soit riche!...

LA BATAILLEUR.
Les derniers ordres de madame ?...
SARA.
Demain, dans la journée... je t'enverrai mes bijoux... et le soir, Noëmie sera chez toi.
LA BATAILLEUR.
C'est convenu... Mais éloignez-vous, madame, éloignez-vous...
SARA.
Oh ! il y a si longtemps que je ne l'ai vue, et peut-être va-t-elle passer...
LA BATAILLEUR.
Oh ! tant que le père Araby est à la boutique, il n'y a pas de chance...
SARA.
Allons !... D'ailleurs pour un instant de joie, faut-il risquer le bonheur de toute ma vie... (Elle se retourne et aperçoit Franz, qui vient d'entrer, un petit paquet sous son bras.) Grand Dieu !... Que me disais-tu donc, que personne ne voyait Noëmie ?...
LA BATAILLEUR.
Je vous l'ai dit, et je vous le répète...
SARA.
Mais c'est lui !...
LA BATAILLEUR.
Qui, lui ?...
SARA.
Notre ennemi... cet héritier prétendu, celui qui aime Noëmie...
LA BATAILLEUR.
C'est la première fois que je vois ce freluquet rôder par ici... vous vous trompez... tenez, voyez, il a l'air de ne pas savoir où il va... (Franz passe sans s'arrêter.)
SARA.
C'est qu'il la cherche...
LA BATAILLEUR.
Du tout, il a passé devant la boutique du vieux sans y faire attention... et le voilà qui revient par ici...
SARA.
Ah ! je veux savoir... pourquoi il est venu...
LA BATAILLEUR.
Eh bien, cachez-vous là... dans ma boutique... il n'y a pas de danger... (Sara entre dans la boutique et observe sans être vue.)

SCÈNE V.

FRANZ, sur la scène ; SARA, dans la boutique, LA BATAILLEUR, assise en dehors.

FRANZ, reparaissant avec son paquet sous le bras.
Voilà pourtant un amour de carnaval !.. Est-ce qu'il sera dit que je l'aurai laissé passer sans rire !... Ce soir grand bal au Casino... La comtesse y sera... jolie femme et vis-à-vis de laquelle j'ai été un niais... Et je n'y serais pas !... allons donc ! (Il fouille dans sa poche.) Cinq francs !... seul moyen de faire des folies avec cela !... et ces maudites marchandes qui sont sans pitié !... Après tout, c'est peut-être bien heureux ! (Il regarde son paquet.) Si je mange mes habits cette nuit, que me restera-t-il demain ?... Bah !... demain est si loin ! (S'approchant de la Batailleur.) Madame, combien me donneriez-vous de tout cela ? (Il va pour ouvrir son paquet.)

LA BATAILLEUR, l'arrêtant.
Platt !?... Mettez donc un peu vos lunettes !... a-t-on l'air d'une marchande de vieux draps ? (Avec volubilité.) Dentelles... bas de soie, satin pour cravates, batistes, linons, bijoux !... Et généralement tout ce qui concerne les frivolités ! adressez-vous à ce rang-là !

FRANZ.
J'en viens.

LA BATAILLEUR, lui indiquant un autre côté.
Pour lors à celui-ci.

FRANZ.
Bien obligé, madame !

LA BATAILLEUR, à Sara qui est dans la boutique.
Vous voyez, madame... C'est un petit libertin qui ne pense qu'à godailler... c'est dommage, car c'est gentil, c'est tout jeune.

SARA.
Mais vois, il s'approche de la boutique d'Araby...

LA BATAILLEUR.
Il va là comme il irait ailleurs.

SCÈNE VI.

LES PRÉCÉDENTS, NOÉMIE, paraissant sur le seuil de la boutique d'Araby.

FRANZ, la reconnaissant.
Grand Dieu... Noëmie ! (Il laisse échapper son paquet.)

NOÉMIE.
Franz... vous... vous !...

SARA, à part.
Noëmie !... (Elle met la main sur son cœur.) Ah ! ce que je craignais !...

LA BATAILLEUR, entrant dans la boutique.
Qu'est-ce donc ?

SARA, bas et vivement.
Silence !... C'est elle !

NOÉMIE.
Franz !... Il me semble que je rêve !...

FRANZ.
Depuis si longtemps que nous sommes séparés !... Mais laisse-moi te regarder... comme te voilà jolie !... malgré tes pauvres vêtements !... mais parle-moi donc de toi !... Comment as-tu quitté Forbach ?

NOÉMIE.
Il y a ici, au Temple, une femme qu'on appelle madame Batailleur... C'est elle qui vint me chercher... je crus qu'elle me conduisait à ma mère... mais en arrivant à Paris, elle me dit : Vous n'avez pas de mère... il faut travailler pour vivre... alors elle me plaça chez ce vieillard qui prête son argent aux pauvres...

FRANZ.
Cela prouve un bon cœur...

NOÉMIE, faiblement.
Oui...

FRANZ.
Il doit te rendre heureuse ? (Sara écoute avec une inquiétude avide.)

NOÉMIE, regardant autour d'elle avec terreur.
Je ne me plains pas...

FRANZ.
Comme tu dis cela !... et comme tu es pâle !... on dirait que tu souffres ?...

SARA, à part, regardant la Batailleur.
Serait-ce vrai ?

NOÉMIE, d'un ton morne.
Non, je n'ai pas à me plaindre.

FRANZ.
Tu ne te plains pas... mais tu souffres... ah ! on ne me trompe pas... Est-ce que je ne me rappelle pas notre bonheur d'autrefois ? Alors, tu ne soupirais pas tristement, tu ne détournais pas la tête... pour essuyer une larme... Noëmie, Noëmie, tu es malheureuse...

NOÉMIE, avec effort.
Eh bien, oui, c'est vrai...

SARA, à part.
Ah !... ma fille !... ma fille !...

NOÉMIE.
Si tu savais quelle existence, Franz !... enfermée tout le jour dans une chambre où jamais ne pénètre le soleil, au milieu de haillons immondes... soumise aux ordres d'un maître inhumain... dont j'obtiens à peine le pain qui sert à ma nourriture...

FRANZ.
Mais c'est infâme... ne pleure plus... elle voilà !...

SARA, à la Batailleur.
Oh ! tu m'as trompée...

LA BATAILLEUR, bas.
Dame... Je ne savais pas...

FRANZ.
Ah ! Je ne veux pas que tu restes une minute de plus dans cette maison... tu vas me suivre...

NOÉMIE.
Te suivre... moi... je ne puis pas...

FRANZ.
Pourquoi donc ?

NOÉMIE.
J'aime mieux souffrir qu'être méprisée.

FRANZ.
Et qui donc aurait le droit de te blâmer ? à qui dois-tu compte de tes actions, si ce n'est à Dieu ?... et je te jure devant lui de te protéger comme un frère.

SARA, à part.
Voilà comme il me parlait !

NOÉMIE.
Non, Franz, non...

FRANZ.
Écoute, Noëmie, je t'aime de toute la tendresse que les autres hommes donnent à leur mère, à leur famille, à leur patrie, et tu me dois un amour pareil, car tous deux nous sommes sans mère, sans famille, sans patrie... eh bien, soyons toute la vie l'un pour l'autre... Ah ! si tu veux me suivre, ma vie sera toute consacrée à toi, à ton bonheur.

NOÉMIE.

Ah! Franz... Franz...
SARA, *à part.*
Et comme moi... elle hésite!...
FRANZ.
Noémie... si ce n'est pour toi, que ce soit pour moi, qui seul maintenant marche à ma perte en cherchant dans les plaisirs l'oubli de ma misère... Oh! sauve-toi, sauve-moi! (*Reinhold paraît au fond. Polyte sort du café de la Girafe, et allant à sa rencontre, lui désigne Franz ; Reinhold fait un signe, Yanos et Mira paraissent à leur tour. Ils restent tous au fond.*)
SARA, *à part.*
Et comme moi peut-être, elle va céder... Oh! non... non... (*Elle va pour sortir.*) Grand Dieu! encore mon mari!...
YANOS, *au fond, à Reinhold.*
Ça sera bientôt fait.
NOÉMIE.
Franz, si dur que soit envers moi le maître que je sers, il m'a nourrit, et je ne puis le quitter sans qu'il sache...
FRANZ.
Eh bien! je vais le trouver, et je lui apprendrai... (*Il se retourne et se heurte contre Yanos qui s'est descendu.*)

SCÈNE VII.

LES PRÉCÉDENTS, REINHOLD, YANOS, MIRA, POLYTE.
(*Reinhold, Mira et Polyte restent au fond et observent.*)
YANOS.
Avant d'enseigner rien à personne, vous devriez bien apprendre la politesse, mon petit bonhomme...
FRANZ.
De par tous les diables, mon gros bonhomme, ce n'est pas de vous que je l'apprendrai... Que faisiez-vous là sur mes talons? (*Le reconnaissant.*) Mais je ne me trompe pas, c'est le colonel Yanos!...
YANOS, *le toisant dédaigneusement.*
Et vous, ce petit freluquet que monsieur de Reinhold a chassé de chez lui...
SARA, *à part.*
Où veulent-ils en venir?
NOÉMIE, *bas à Franz.*
Franz, je t'en supplie, retire-toi.
FRANZ, *après un geste à Noémie pour la rassurer.*
Ah! monsieur Yanos, est-ce que par hasard, vous me cherchiez par ici?
YANOS.
Vous? allons donc!... J'ai aperçu cette petite, et comme elle m'a paru gentille, je voulais... (*Il veut s'approcher de Noémie. Franz s'oppose à son passage.*)
FRANZ, *avec colère.*
Pas un mot, pas un de plus, monsieur... Rentre, Noémie, rentre... (*Noémie disparaît un instant dans la boutique d'Araby.*)
YANOS.
Allons donc, ôtez-vous de là, ou bien...
FRANZ.
Ou bien?
YANOS.
Si je ne respectais ma cravache...
FRANZ.
Misérable (*Il le frappe au visage, Yanos pousse un cri de rage.*)
REINHOLD, *avec joie au fond.*
Allons donc!... (*Il s'approche vivement.*) Qu'y a-t-il donc?
MIRA, *de même.*
Une querelle?
POLYTE, *de même.*
Il y a eu un soufflet de donné.
FRANZ, *seul sur le devant de la scène.*
Ce n'est pas moi qui l'ai reçu.
YANOS, *s'approchant de lui.*
Monsieur... j'ai le choix des armes...
FRANZ.
Soit...
SARA, *à part.*
Mais c'est un affreux guet à pens.
YANOS.
Demain, à six heures, au bois de Boulogne... Dans l'allée de Madrid.
FRANZ.
Je le trouverai...
YANOS.
Je vous attendrai...
FRANZ.
Vous n'aurez pas l'ennui de m'attendre long-temps.

YANOS.
Je l'espère. (*Il va pour sortir.*)
REINHOLD, *bas à Yanos.*
Bien joué, Yanos...
YANOS.
Oh! je le tuerai... (*Il sort vivement.*)
REINHOLD, *à lui-même.*
J'y compte bien... (*A Polyte.*) Et toi, ne le perds pas de vue... il pourrait manquer au rendez-vous.
POLYTE.
Il n'en a pas le calibre... mais c'est égal, on le veillera...
REINHOLD, *à Mira.*
Et maintenant, Mira, n'oublions pas que c'est demain notre échéance. (*Il sort avec Mira par la droite, tandis que Polyte disparaît au fond ; Sara entre avec la Batailleur dans l'arrière-boutique.*)

SCÈNE VIII.

FRANZ, NOÉMIE, *sur le devant de la scène*, SARA, LA BATAILLEUR, *dans la boutique.*
NOÉMIE, *reparaissant.*
Ah! Franz... Franz, qu'avez-vous fait?
FRANZ.
Il voulait t'insulter!... et maintenant plus que jamais... il faut que je t'arrache à ce repaire.
NOÉMIE.
Non, Franz, non... ne te semble-t-il pas que Dieu a voulu nous punir d'avoir cette pensée?
FRANZ, *à lui-même.*
Elle a raison... Et si demain je succombe, que deviendra-t-elle?... (*A Noémie.*) Noémie, à demain.
NOÉMIE.
Mais toi, Franz, tu ne te battras pas?
FRANZ, *gaiement.*
Bah! je le tuerai... je suis en veine de bonheur.

SCÈNE IX.

LES PRÉCÉDENTS, ARABY, LES MARCHANDES, L'INSPECTEUR, LES PASSANTS. (*La nuit est venue peu à peu ; la cloche du marché se fait entendre ; les marchandes décrochent leurs marchandises.*)
ARABY, *appelant du dehors.*
Noémie... petite fille!... (*Il paraît, et, trouvant la porte de sa boutique ouverte, il y entre vivement.*)
NOÉMIE.
Ah! c'est mon maître... adieu...
ARABY, *reparaissant et apercevant Noémie.*
Paresseuse, fainéante, qui ne sait pas gagner le pain qu'elle mange... Je suis trop riche, n'est-ce pas?... Et la boutique n'est pas fermée!... je vais être mis à l'amende... Il semble que tout le monde s'entend pour me ruiner. (*Apercevant le paquet laissé à terre par Franz.*) Et ce paquet que tu laisses traîner...
FRANZ.
Pardon, monsieur... mais ces habits m'appartiennent.
ARABY.
Ah! (*Il le reconnaît et se détourne.*) Vous en êtes sûr? (*Il lui rend son paquet.*)
FRANZ, *à part.*
Quelle idée!... je pourrais revenir de cette façon. (*Haut.*) Et je voulais vous demander si vous pouviez me les acheter?
ARABY, *brusquement.*
Impossible... l'heure du carreau est passée.
FRANZ.
Pourtant...
ARABY, *se retournant.*
Impossible! (*A Noémie.*) Et vous, rentrez... m'avez-vous entendu?... Et couchez-vous bien vite pour ne pas me brûler de chandelle! (*Il pousse Noémie, à qui Franz fait des signes, et ferme la porte sur elle, puis il sort rapidement.*)

SCÈNE X.

FRANZ, LA BATAILLEUR, SARA, *puis* OTTO, ALBERT, GOETZ, JEAN, GERTRAUD, POLYTE, PASSANTS *et* MASQUES. (*Les marchandes sont toujours en train de fermer leurs places.*)
FRANZ, *regardant son paquet.*
J'aurai de la peine à m'en défaire!... et j'ai cependant plus besoin d'argent que jamais. Voyons pourtant! essayons encore! (*Il remonte la scène et rencontre Otto, qui est entré d'abord seul.*)
OTTO, *enveloppé dans son manteau.*

Monsieur... si vous êtes pressé, entrez dans cette maison et demandez Hans Dorn, le marchand d'habits... il est en chambre, et peut faire son commerce à toute heure.

FRANZ.
Hans Dorn?... merci, monsieur. (*Otto s'éloigne et rejoint ses deux frères auxquels il désigne Franz.*)

JEAN, *entrant du fond avec Polyte.*
Je te dis de me laisser tranquille... il faut que j'aille embrasser ma bonne vieille mère et lui porter l'argent de ma tournée...

POLYTE.
Nigaud?... un lundi gras! quand nous pourrions fricoter ça joyeusement.

JEAN.
Jamais!

POLYTE, *à part.*
Tu y viendras, mon bonhomme!... (*S'arrêtant tout à coup.*) Mais où est donc le petit... (*Franz sonne en ce moment à la porte de Hans Dorn.*) Ah! le voilà... attention!... (*Il reste au fond, tandis que Jean se dirige vers la place de sa mère.*)

JEAN, *à part.*
Qu'est-ce donc que ce monsieur qui sonne à la porte de Hans Dorn?

POLYTE, *l'attirant vers lui.*
Chut!...

SARA, *sortant de la boutique de la Bataillaur*
Ils sont tous éloignés, et la nuit est venue. Il se trame un crime contre ce jeune homme, et moi j'ai besoin de savoir si je dois le sauver ou le perdre.

GERTRAUD, *paraissant, et s'adressant à Franz.*
Est-ce vous qui avez sonné, monsieur?

FRANZ.
Oui, mademoiselle.

GERTRAUD.
Qu'y a-t-il pour votre service?

FRANZ.
Monsieur Hans Dorn?

GERTRAND.
Il n'y est pas; mais si vous voulez vous donner la peine de l'attendre...

FRANZ.
Bien volontiers, ma jolie demoiselle. (*Au moment où il va pour entrer, Sara s'approche vivement de lui en abaissant son voile.*)

SARA, *bas.*
Pour votre salut et celui de Noémie...

FRANZ, *étonné.*
De Noémie?...

SARA.
Cette nuit, au bal du Casino.

FRANZ.
Ah!... cette nuit?...

GERTRAUD, *sur le seuil de sa porte.*
Eh bien, monsieur, entrez-vous?

FRANZ.
A l'instant, mademoiselle. (*Il regarde avec étonnement Sara, qui lui fait un signe d'intelligence.*)

JEAN, *à Polyte, en fronçant le sourcil.*
Un jeune homme!... et Gertraud le reçoit!... Oh! j veux savoir...

POLYTE, *bas à Jean.*
Et moi aussi!... (*Ils disparaissent tous deux derrière la maison.*)

FRANZ, *toujours l'œil sur Sara.*
Cette nuit!... (*Il se retourne et se dispose à entrer dans la maison de Hans. Sara le suit des yeux. Otto est au fond avec Albert et Goëtz.*)

OTTO, *à ses deux frères.*
Cette nuit, au bal du Casino!... (*La toile tombe.*)

ACTE III.

CINQUIÈME TABLEAU.

Une chambre chez Hans Dorn. Porte au fond. A gauche, une armoire; à droite, au premier plan, porte de la chambre de Gertraud. Au delà, la chambre est mansardée, et une fenêtre ouvre sur les toits. Devant cette fenêtre, une table; une autre table, à gauche. Des objets de toute sorte, habits, meubles, armes, etc., sont épars sur la scène et indiquent la profession de Hans Dorn.

SCÈNE I.
GERTRAUD, FRANZ. (*Gertraud, assise auprès de la table à gauche, brode à la lueur d'une lampe; Franz est assis à quelque distance et la contemple silencieusement.*)

GERTRAUD, *honteuse de l'attention de Franz.*
Mon père tarde bien, n'est-ce pas, monsieur?

FRANZ.
Qu'importe? j'ai tant de plaisir à causer avec une si aimable et si jolie personne....

GERTRAUD.
Monsieur... (*A part.*) C'est lui qui est aimable

FRANZ.
Et qui est, j'en suis sûr, aussi bonne que jolie.

GERTRAUD.
Monsieur... Mon père ne vient pas... Ah! mais le voilà...

FRANZ, *avec regret.*
Déjà!... En effet... on monte l'escalier!

GERTRAUD, *prêtant l'oreille.*
Ce n'est point le pas de mon père... C'est Jean...

FRANZ.
Monsieur Jean... ah!...

GERTRAUD.
Oui, je lui avais dit de venir ce soir... mais je ne prévoyais pas...

FRANZ.
Et vous avez à lui dire bien des choses que je ne dois pas entendre...

GERTRAUD.
Une seule, mais qui lui ferait bien de la peine, s'il savait qu'un autre l'entendît.

FRANZ.
C'est pour cela...

GERTRAUD.
C'est pour cela que je vous prie d'entrer là... (*Elle lui indique la porte de sa chambre.*) Ecoutez si vous voulez... et vous verrez... que je ne pouvais lui parler devant personne...

FRANZ.
Très-bien... (*Il sort.*)

GERTRAUD, *seule.*
Dépêchons-nous. (*On frappe de nouveau; Gertraud va ouvrir.*)

SCÈNE II.
GERTRAUD, JEAN.

GERTRAUD.
Ah! c'est vous, Jean...

JEAN.
Oui, mam'selle Gertraud... Je vous dérange, peut-être...

GERTRAUD.
Du tout!... De quel air vous me dites cela!...

JEAN.
C'est que vous m'aviez dit: Jean, après votre tournée, j'aurai besoin de vous parler...

GERTRAUD.
C'est vrai.

JEAN.
Et je pensais que vous m'attendiez...

GERTRAUD.
Je vous attendais en effet.

JEAN, *avec un peu de défiance.*
Ah!... j'avais peur qu'il n'y eût quelqu'un.

GERTRAUD.
Vous voyez, il n'y a personne. (*A part.*) S'il savait qu'on peut nous entendre, il refuserait.

JEAN, *à part.*
C'était quelque chaland, qui aura filé par l'entrée particulière.

GERTRAUD.
Je vous remercie d'avoir tenu votre promesse... Jean, vous souvenez-vous aussi que vous m'avez juré de faire tout ce que je vous demanderais?...

JEAN.
Je m'en souviens, mam'selle Gertraud.

GERTRAUD, *avec un peu d'embarras.*
Voyez-vous, il s'agit de la bonne mère Regnault... Avec vos ressources, vous ne pouvez pas l'empêcher d'aller en prison...

JEAN.
Mon Dieu! non!...

GERTRAUD.
Eh bien... je me suis dit... j'ai pensé que vous... que votre bonne mère aurait assez de confiance en moi pour accepter...

JEAN, *avec un mouvement d'effroi.*

J'aurais dû m'attendre à cela !... Oh ! Gertraud, n'insistez pas, je vous en prie !...

GERTRAUD.

Allez ! vous êtes un orgueilleux... vous ne m'aimez pas, et vous n'aimez pas votre mère !

JEAN.

Oh ! Gertraud.

GERTRAUD.

Non... Vous ne songez qu'à vous... Mon chagrin... la souffrance de votre mère, rien de tout cela ne vous touche !...

JEAN.

Mon Dieu !... mon Dieu !... ce que vous voulez, je le veux, Gertraud, et je donnerais ma vie pour soulager ma vieille mère... Mais vous êtes un enfant, et l'argent que vous avez appartient à M. Hans...

GERTRAUD, *vivement.*

Il es à moi !... Oh ! je ne mentirais pas même pour vous sauver !... Il est à moi ! ce sont mes petites économies !... Et combien je remercie Dieu de les avoir conservées !... Elles sont là, dans ma chambre, et je vais...

JEAN, *l'arrêtant, mais plus faiblement.*

Je ne peux pas... non, non, je ne peux pas !

GERTRAUD, *avec caresse.*

Je vous en prie !...

JEAN, *lui tendant la main, après un silence.*

Ah ! Gertraud, vous abusez de ce que je vous aime.

GERTRAUD.

Merci... Moi, je ne vous ai jamais tant aimé ! (*Elle entre vivement dans sa chambre.*)

SCÈNE III.

JEAN, *puis* POLYTE.

JEAN, *d'abord seul.*

Ma mère !... ma pauvre mère !... le bon Dieu a donc eu pitié de nous !... Chère !... chère Gertraud, et moi qui tout à l'heure encore écoutais les calomnies de ce Polyte !... Je ne veux plus le voir... moi, jaloux de Gertraud !...

POLYTE, *entr'ouvrant la porte du fond et passant sa tête.*

Psitt ! psitt !

JEAN.

Polyte !... encore là !...

POLYTE.

Ça a été un peu long !... mais je n'ai pas quitté le palier... Je t'attendais... (*Entrant.*) On peut se risquer, pas vrai ?... Eh bien ! qu'est-ce qu'elle t'a conté ?

JEAN.

Elle va venir, va-t'en !

POLYTE.

Suffit ! Je connais les êtres, désormais... Et en deux temps, je peux m'évanouir !... (*A part.*) Où donc qu'a passé le petit ? (*Haut.*) Ah ça ! elle a dû te donner de crânes raisons pour la chose de t'avoir fait attendre si longtemps avant de t'ouvrir ?... Les femmes, ça n'est pas gauche... moi, je connais ça.

JEAN.

Je ne lui ai rien demandé...

POLYTE, *riant.*

Ah ! ah ! ah ! Eh bien ! à la bonne heure ! Tout ça dépend des tempéraments divers !... (*Regardant autour de lui.*) C'est donc ici que demeure ce fameux [...] orn... On dit qu'il est joliment calé... Mazette ! que de [...]. (*Examinant quelques objets.*) Si on n'avait pas de principes, pourtant !...

JEAN.

T'en iras-tu !

POLYTE.

Minute !... (*A part.*) Mais où diable est-il donc passé ce moucheron ?... (*Il prête l'oreille tout à coup.*) Pincé ! on monte !

JEAN.

Que m'importe ?

POL *avisant la fenêtre qui donne sur les toits.*

Moi, ça ne m'est pa indifférent.

JEAN.

Où vas-tu ?

POLYTE.

Ne fais pas attention... J'ai étudié pour être couvreur. (*Il saute sur le toit et attire à lui la fenêtre.*)

SCÈNE IV.

JEAN, GERTRAUD, *puis* HANS DORN, OTTO,

GERTRAUD, *revenant par la droite.*

J'ai été bien long-temps... Je ne trouvais pas mon compte... (*S'arrêtant en voyant la porte s'ouvrir.*) Mon père !

JEAN, *à part.*

Son père !

HANS, *entrant avec un homme enveloppé dans un grand manteau.*

Ce n'est que moi, mon enfant... Ah ! ah ! le fils Regnault ! (*A celui qui vient d'entrer.*) Asseyez-vous, je vous prie.

OTTO.

J'attendrai. (*A part.*) Le fils Regnault !... bien !

GERTRAUD, *troublé.*

Oui, c'est M. Jean qui est venu après sa tournée pour savoir de vos nouvelles.

HANS.

Grand merci, mon garçon.... comme tu vois, ça ne va pas trop mal... Allons, bien des choses chez toi ! (*Il va vers la table pendant que Gertraud se glisse vers Jean.*)

GERTRAUD, *bas.*

Tenez, prenez...

JEAN, *faisant un effort sur lui-même.*

Oh ! ma mère ! ma mère !... (*Il sort.*)

HANS, *qui est en train de déposer son chapeau, se retournant.*

Ah ! ah ! il est parti ?... Vois-tu mon enfant, tu ne devrais pas le recevoir comme ça en mon absence, le monde est si mauvaise langue.

GERTRAUD.

Nous n'étions pas seuls, mon père.

HANS.

Comment ?

GERTRAUD.

Il y a là quelqu'un... un jeune homme bien gentil... (*Appelant à la porte de sa chambre.*) Monsieur !

HANS.

Un jeune homme !

OTTO, *bas à Hans.*

C'est lui !

HANS.

Et que veut-il ?

GERTRAUD.

Il va vous le dire... le voici !

OTTO, *bas, à Hans.*

Interrogez-le... Je veux savoir ce qu'est devenu le sang de Bluthaupt ! (*Il se retire au fond et y dépose son manteau.*)

SCÈNE V.

HANS, FRANZ, GERTRAUD, OTTO.

GERTRAUD, *indiquant Hans à Franz.*

C'est mon père, monsieur.

HANS.

Laisse-nous, Gertraud, laisse-nous.

GERTRAUD.

Soyez bon pour lui, père.

HANS.

Vraiment !

GERTRAUD.

Il est bon, j'en suis sûre. (*Elle sort.*)

SCÈNE VI.

HANS, FRANZ, OTTO.

HANS.

Voyons, monsieur, de quoi s'agit-il ?

FRANZ.

Il s'agit d'une chose bien simple, monsieur... J'ai besoin d'argent, et je viens vous proposer de m'acheter ces habits. (*Il défait son paquet ; Hans examine les différents effets qu'il contient.*)

HANS.

Combien en voulez-vous ?

FRANZ.

Deux cent cinquante francs.

HANS, *repoussant le paquet.*

J'en donnerai moitié.

FRANZ.

Moitié !

HANS.

Je ne puis faire davantage.

FRANZ.
Mais ces habits m'ont coûté...
HANS.
Si vous voulez essayer d'un autre, allez demain matin à la Rotonde... Le vieil Araby vous donnera trois pièces d'or de toutes vos nippes, mais vous aurez la faculté de les racheter pour cinq cents francs, si le cœur vous en dit. (*Otto lui fait un signe.*)
FRANZ.
C'est que je n'ai pas autre chose
HANS.
En êtes-vous bien sûr ? Un jeune homme élégant ! On a toujours quelque bijou.
FRANZ.
Au fait, vous avez raison ; j'ai là... mais non. Ça été mon talisman... Non.
HANS.
Qu'est-ce donc ?
FRANZ.
Un portrait de femme... Celui de ma mère, peut-être.
HANS.
Voyons !
FRANZ, *le lui donnant.*
Tenez...
HANS, *à part.*
O ma noble maîtresse ! (*Haut.*) Vous avez besoin de deux cent cinquante francs. Vendez-moi ce portrait, et je vous en donne cinq cents.
FRANZ.
Non pas, monsieur, non. Dans la pauvre vie vagabonde que j'ai menée, ce portrait ne m'a jamais quitté ; je ne me rappelle pas qu'on me l'ait donné, et il a toujours été là, sur mon cœur, comme une partie de moi-même. Quand j'avais envie de mal faire, je le regardais, et je redevenais bon. Quand je souffrais, je le regardais, et je me trouvais consolé. Ce portrait, c'est ma foi, c'est mon espérance, c'est ma famille !
OTTO, *à part.*
Bien !... bien !
HANS, *à part, après avoir ouvert le médaillon.*
La lettre de la comtesse n'y est plus !
FRANZ.
Rendez-le-moi ; quoiqu'à vrai dire à l'heure où je suis arrivé, peut-être vaudrait-il autant vous le laisser que de l'exposer à être pris par le fossoyeur qui me ramassera sans doute dans un coin du bois de Boulogne.
HANS.
Quoi ! vous vous battez demain ?
FRANZ, *riant.*
Oui, et voilà pourquoi j'avais tant besoin d'argent, ce soir... J'en aurais fait deux parts... La première !... que vous importe, puisque vous me refusez... La seconde... pourquoi m'en cacherais-je ? Je serais bien aise d'aller dire un dernier bonsoir au bal du Casino !
HANS, *bas à Otto*
Oh ! le sang de Bluthaupt !
OTTO, *de même.*
Donne-lui ce qu'il veut.
FRANZ.
Eh bien ! monsieur ?
HANS, *allant à son tiroir d'où il tire de l'argent qu'il étale sur la table.*
Voici vos deux cent cinquante francs.
FRANZ, *joyeux.*
Grand merci ! et maintenant voulez-vous me rendre un service ?
HANS.
Mille...
FRANZ.
Gardez la moitié de cette somme, et si demain à dix heures, je ne suis pas revenu vous la demander, vous la donnerez à une pauvre enfant qui demeure ici près.
HANS.
Et que vous nommez ?
FRANZ.
Noëmie...
OTTO, *à part.*
Bien ! bien !
FRANZ.
C'est l'héritage que l'orphelin lègue à l'orphelin... pauvre héritage ! Et maintenant, adieu et merci...
HANS.
Mais vous ne pouvez pas aller vous faire tuer comme ça.
FRANZ.
Oh ! je n'y vais pas tout de suite... et le bal donc !... adieu.

OTTO, *l'arrêtant.*
Encore un mot... Monsieur.
FRANZ.
Deux, si vous voulez.
OTTO.
A quelle arme vous battez-vous demain ?
FRANZ.
Je ne sais trop... à l'épée, je crois...
OTTO, *avec émotion.*
Et votre adversaire ?...
FRANZ.
Le colonel Yanos Georgyi...
HANS, *avec force.*
Le Madgyar !... (*A part.*) Ah ! je comprends tout !
FRANZ.
Vous le connaissez donc ?...
OTTO, *avec agitation.*
C'est un homme redoutable !...
FRANZ.
Je le sais.
OTTO.
N'allez pas à ce rendez-vous !... car entre vous et lui, le combat ne sera pas égal...
FRANZ.
C'est un petit malheur !...
OTTO.
Mais vous allez vous faire tuer sans pouvoir vous défendre... Cet homme est habile à tous les genres de combat... qu'espérez vous ?...
FRANZ.
Pas grand'chose !... seulement je ne crains rien !... Au revoir et grand merci, mon digne monsieur !
OTTO.
Attendez... avez-vous jamais manié un fleuret ?...
FRANZ, *souriant.*
Un fleuret ! j'ai deux mois de salle et j'étais boutonné à tout coup...
OTTO.
Mais quand ce sera une épée...
FRANZ.
Ça entrera... voilà toute la différence...
OTTO.
Et vous irez ?
FRANZ.
J'irai.
OTTO.
Le lieu du rendez-vous ?
FRANZ.
Le bois de Boulogne, allée de Madrid.
OTTO.
Et l'heure ?
FRANZ
Sept heures, et raison de plus pour ne pas perdre une seule minute du temps qui me reste.
OTTO.
Brave enfant !...
FRANZ.
Adieu, messieurs, et merci de vos bonnes intentions.... adieu.
OTTO.
Adieu. (*Franz sort vivement.*)

SCÈNE VII.

OTTO, HANS, POLYTE, *sur le toit.*

HANS, *bas à Otto qui le retient.*
Quoi ! monseigneur...
OTTO.
Laisse-le partir... Goëtz et Albert l'attendent en bas... et ne le perdront pas de vue.
POLYTE, *entr'ouvrant la fenêtre.*
J'ai entendu fermer la porte et je puis..... — Encore quelqu'un. (*Il se retire.*) Second tour de faction.
HANS.
Quoi... vos frères Albert et Goëtz ?
OTTO.
Sont libres comme moi... La lutte sera terrible, je le sais... mais à nous trois, nous n'avons qu'un seul cœur et nous vaincrons !...
HANS.
Je n'ai pas le droit de dire que j'aime l'enfant autant que vous, car vous êtes du sang des seigneurs... seulement s'il lui faut ma vie, je mourrai content.

OTTO, *serrant sa main.*
Je vous connais, et je vous crois... Avez-vous quelques compagnons fidèles ?

HANS.
J'ai des amis... des Allemands comme moi... d'anciens serviteurs de Bluthaupt, qui ont émigré après la mort de Gunther... justement je dois les voir demain au café de la Girafe...

OTTO.
Il faut les sonder et les préparer à me voir...

Mais ce duel·

OTTO.
Oui... Et après le duel, il y aura d'autres dangers, et l'enfant s'y laissera prendre.

HANS.
Mais si vous lui disiez qui il est, il pourrait les éviter.

OTTO.
Du caractère qu'il vient de nous montrer, il s'y précipiterait en aveugle avec l'ardeur que donne la vengeance, et l'imprudence que donne le bon droit.

HANS
Et ce bon droit ?...

OTTO.
Je ne pourrai le prouver que lorsque j'aurai pénétré dans Bluthaupt, dont les portes sont murées depuis vingt ans... Tu l'as vu, Franz possède toujours le médaillon où ma sœur a renfermé cet écrit à l'aide duquel nous trouverons les preuves de la naissance du fils des comtes.

HANS.
Hélas ! monseigneur, je n'osais vous le dire... cet écrit précieux n'est plus dans le médaillon !...

OTTO.
Que me dis-tu ?... O malheur !... mais n'importe !... Bluthaupt n'a pas un détour que je n'aie parcouru... et j'espère faire reconnaître l'enfant, et punir les meurtriers de sa famille... Je les attaquerai résolument... je les frapperai sans pitié.

POLYTE, *poussant la fenêtre et passant la tête.*
Ah ! ça, est-ce qu'ils ne vont pas bientôt en finir ?...

OTTO, *allant chercher une petite cassette dans son manteau.*
Ami Hans, vous voyez cette cassette ! ceci est la fortune de Bluthaupt... ce sont les seules armes que je possède en ce moment pour combattre ceux qui ont dérobé l'héritage des comtes, c'est la part de Zachæus qu'il m'a remise sur son lit de mort... Si je connaissais au monde un homme plus fidèle et plus dévoué que vous, j'irais le trouver pour lui confier mon trésor !...

POLYTE, *à part.*
Un trésor !...

HANS.
Merci, monseigneur ; pour m'arracher ce dépôt il faudra me tuer !

OTTO.
Un moment... C'est demain le premier mars.

HANS.
Oui, monseigneur...

otto, il prend un papier dans la cassette.
Cette traite était payable aujourd'hui... présentez-vous demain chez Reinhold...

HANS.
Mais il court des bruits fâcheux sur leur crédit.

OTTO.
Je le sais... s'ils ne payent pas, vous ferez protester, et vous me remettrez cette traite... Je viendrai la chercher.

Ils ne payeront pas.

OTTO.
Ils payeront celle-là et toutes celles qui sont dans cette cassette... c'est mon affaire (*Il referme la cassette et Hans met la traite dans son portefeuille.*)

HANS.
J'obéirai....

OTTO.
Soyez discret, même avec vos amis,.... même avec votre fille !... Le combat que je vais engager aura des chances qui ne se peuvent point prévoir.... Avec moi cette cassette serait trop exposée... gardez-la... quand je viendrai vous la redemander, Bluthaupt sera bien près de rentrer dans le château de ses pères...

HANS, *prenant la cassette.*
Que Dieu vous entende, monseigneur !...

OTTO.
Et maintenant il faut que je retourne vers mes frères qui m'attendent.... adieu, Hans....

HANS, *le voyant prêt à sortir.*
Souffrez que je vous accompagne. (*Il place la cassette dans une armoire dont il referme vivement la porte, sans en ôter la clef, afin de prendre la lampe et d'éclairer Otto.* — *Il sort avec lui par le fond, laissant le théâtre dans l'obscurité.*)

SCÈNE VIII.

POLYTE, GERTRAUD, *puis* HANS DORN.

POLYTE, *poussant la fenêtre aussitôt après leur sortie et sautant dans la chambre.*
Enfin !... Est-il bavard ce grand manteau !... (*soufflant dans ses doigts.*) Brrr !... Il fait un froid de loup à cet étage !... ah !... je plains les angoras !... (*En tâtonnant dans l'obscurité il arrive à l'armoire.*) Bon ! je tiens l'armoire !... Le Hans Dorn y a laissé la clef !... (*Il ouvre et prend toujours en tâtonnant la cassette.*) Le manteau a parlé d'un trésor !... il a parlé de Bluthaupt !... Et il a l'air de s'intéresser au petit que le bausse veut envoyer *ad patres*... Il y a du louche... qu'est-ce que ça peut-être ?... ça demande vérification... Il y a peut-être une fortune là-dedans, et en tout cas... il doit y avoir de quoi faire chanter au bausse un air avec accompagnement de garats. (*Il met la cassette sous sa redingote referme l'armoire, et entend venir du côté de l'escalier ; il cherche un endroit pour se cacher, mais dans l'obscurité, il heurte un meuble au moment où Gertraud entre, il se blottit sous la table qui est entre la porte et la fenêtre.*) Quelqu'un...

GERTRAUD, *paraissant avec une lumière.*
Tiens ! mon père est sorti !... c'est singulier... Il m'avait semblé entendre... (*Appelant.*) Mon père, mon père !... J'ai peur !... (*La porte s'ouvre.*) Ah ! c'est lui !...

HANS, *rentrant par le fond.*
Qu'y a-t-il donc ?

GERTRAUD.
Ah ! vous étiez dans la maison !...

HANS.
Pourquoi cela ?... mais comme te voilà tremblante.

GERTRAUD.
J'étais là dans ma chambre... tout à l'heure... lorsque j'ai cru entendre...

HANS.
Poltronne !... c'était moi !... allons, venez m'embrasser !... bonne nuit !

GERTRAUD.
Bonne nuit, père !... (*Elle se dirige vers sa chambre et Hans vers l'armoire.*)

POLYTE, *profitant de ce moment pour s'esquiver par le fond.*
On ne couche pas ici !... sauve qui peut !... (*La porte en retombant sur lui, fait un léger bruit.*)

GERTRAUD, *tressaillant et se retournant.*
Ah !...

HANS.
Comment !... encore ?...

GERTRAUD.
C'est le vent... Je suis folle !... Bonsoir, père.

HANS.
Bonne nuit, mon enfant. (*Elle rentre dans sa chambre.* — *Hans Dorn resté seul, s'approche de l'armoire, la ferme à double tour, et met la clef dans sa poche. La toile tombe.*)

SIXIÈME TABLEAU.

Le bal du Casino. Le théâtre est séparé en deux parties : à gauche un grand salon s'ouvrant sur une galerie qui communique avec les jardins, que l'on aperçoit au fond. Ce salon est richement éclairé et garni de plusieurs tables. Du côté droit, un cabinet particulier avec table ; une pendule sur la cheminée. Plusieurs portes de cabinets à droite et à gauche du salon.

SCÈNE I.

OTTO, GOETZ, ALBERT, *puis* REINHOLD, MIRA, YANOS, DOMINOS, MASQUES, GARÇONS DE RESTAURANT.

On entend la musique du bal ; une foule assez nombreuse a envahi le salon du restaurant. Les uns se font servir en scène, d'autres disparaissent dans les cabinets. Un homme en costume d'ancien cavalier allemand et masqué, s'approche d'une table, et le garçon lui présente la carte, qu'il parcourt avec avidité ; un autre homme, dans le même costume et également masqué, traverse la scène avec une femme en domino. Il se fait ouvrir le cabinet qui est à droite, mais au moment où il y va pour y entrer, un troisième individu masqué et costumé comme les deux premiers, lui frappe sur l'épaule et lui dit quelques mots à l'oreille. Il quitte aussitôt sa dame. Le troisième cavalier allemand en fait autant au premier, qui se lève aussi vivement, et tous trois descendent en scène.

LE CAVALIER ALLEMAND (OTTO), *aux deux autres.*
Albert, il faut mettre de côté toute intrigue galante... Goëtz, le Bordeaux n'est pas de saison... nous avons bien des choses à faire cette nuit !... suivez-moi. (*Il les entraîne et on les voit se perdre dans le fond, tandis que le comte de Reinhold descend la scène, suivi du docteur Mira et du colonel Yanos, tous trois en habits de ville.*)

MIRA.
Que de monde !

YANOS.
Une atroce cohue !... Monsieur de Reinhold aurait bien pu me laisser chez moi la veille d'un duel !... c'est lui qui m'a contraint à venir.

REINHOLD.
Notre présence ici était indispensable... quiconque nous verra ce soir, au bal, le front haut et le sourire aux lèvres, ne pourra se douter de la petite crise que nous subissons... Laissez-vous conduire, messieurs... Voyons, n'avais-je pas raison... la traite de Zachœus ne s'est pas présentée...

MIRA.
Oui... mais le fils du diable ?...

YANOS.
Demain celui-là ne nous gênera plus...

MIRA.
Je le souhaite...

REINHOLD.
Je l'espère...

YANOS.
J'en suis sûr... Mais pensez-vous que nous nous soyons montrés suffisamment pour le bien de votre haute politique ?

REINHOLD.
Nous n'avons fait encore qu'un tour.

YANOS.
C'est que j'aime à bien vivre quand je dois tirer l'épée.

REINHOLD.
Nous sommes vos témoins... S'il s'agit de souper, nous ne vous abandonnerons pas !... Oh y a-t-il un garçon ? (*A part.*) D'ailleurs, je ne serais pas fâché de retrouver un certain domino...

MIRA.
Je doute qu'on nous laisse tranquilles ici... La danse nous a déjà chassés de la grande salle... je suis bien sûr que les enragés vont envahir ce salon...

REINHOLD.
On ne fera peut-être pas de quadrilles dans les cabinets. (*Appelant.*) Garçon !... garçon !... un cabinet et trois couverts !

LE GARÇON, *ouvrant une porte à gauche.*
Entrez, messieurs ! (*Ils entrent tout trois dans le cabinet.*)

SCÈNE II.

FRANZ, OTTO, MASQUES ET DOMINOS, *puis* REINHOLD. (*Franz, en domino noir et masqué, se fait jour à travers la foule. Il est suivi par Otto, qui a changé son costume de cavalier allemand contre celui d'Arménien.*)

FRANZ, *à lui-même.*
Ah ça ! voilà qui est étrange !... je ne puis faire un pas dans le bal sans rencontrer deux ou trois masques qui m'obsèdent... que me veulent-ils ?... cet Arménien surtout, est encore plus importun et plus hardi que les autres... Je n'aime pas les curieux... Et j'ai presque envie !...

OTTO, *s'approchant.*
Me connais-tu, beau masque ?

FRANZ.
Nullement, mais je voudrais savoir...

OTTO.
Eh ! bien ! donne-moi ton bras, nous ferons connaissance...

FRANZ, *à part.*
Drôle de corps !...

REINHOLD, *paraissant sur le seuil du cabinet, la serviette à la boutonnière.*
Garçon !... garçon ! C'est insupportable !... (*Il appelle en sortant un moment par la galerie à droite.*)

OTTO, *à Franz.*
Veux-tu ?...

FRANZ.
Tu es donc bien décidé à ne pas me laisser en repos !... tu es déjà cause que j'ai perdu dans la foule un charmant petit domino bleu...

OTTO.
Il y en a d'autres... et de toutes les couleurs.

FRANZ.
Celui-là me plaisait... Et sans toi...

OTTO.
Beau masque, ne serais-tu pas un peu fat ?...

REINHOLD, *reparaissant et appellant du côté des offices à gauche.*
Quelle patience !... Garçon !...

FRANZ.
Finissons... si c'est une méprise, il faut qu'elle ait une terme... (*Se démasquant.*) A ton tour, me connais-tu ?

OTTO, *à part avec un mouvement de joie qu'il comprime.*
C'est bien lui !...

REINHOLD, *l'apercevant.*
Franz... et il était avec ce domino bleu... Ah ! Sara ! Sara !

FRANZ, *à Otto.*
Eh bien ?...

OTTO, *changeant de ton.*
Recevez mes excuses... en effet, je m'étais trompé... (*Il s'éloigne par le fond.*)

FRANZ.
Enfin !... m'en voilà débarrassé !... je n'ai plus que quelques heures devant moi... rentrons dans le bal et cherchons mon domino bleu... (*Il remonte la scène en cherchant.*)

SCÈNE III.

FRANZ, SARA, REINHOLD, *puis* MIRA *et* YANOS.

SARA, *en domino bleu et masquée.*
Il me semblait l'avoir aperçu dans cette salle... Oh ! je le joindrai ! il y va du bonheur de ma fille...

FRANZ, *l'apercevant.*
C'est elle !...

SARA, *à part.*
C'est lui.

REINHOLD, *de même.*
Encore ce domino bleu... C'est elle !...

FRANZ.
Ah ! je te tiens enfin, mon gentil domino !... (*Lui prenant le bras.*) Laisse-moi m'assurer de ta personne... Eh ! mais tu trembles !... que crains-tu ?... Le regard jaloux d'un amant.. d'un mari ?... A ces jolies terreurs, on connaît un remède... (*Il lui montre un cabinet qui est à droite.*) Là, du moins, personne ne viendra contrarier ton incognito...

SARA, *hésitant.*
Monsieur... (*A part.*) Que faire ?...

REINHOLD, *à part.*
Que lui dit-il ?...

FRANZ, *se penchant vers elle.*
Il m'avait semblé... je suis un peu présomptueux sans doute !.... que notre rencontre n'était pas entièrement l'effet du hasard... Êtes-vous fâchée ? (*Il lui prend la taille, elle se défend faiblement.*)

SARA.
Je vous en prie en grâce...

REINHOLD, *à part.*
Si je pouvais entendre sa voix.

YANOS, *entrant avec Mira.*
Ah ! ça, Comte, que faites-vous donc là ? (*Reinhold lui fait signe de se taire.*)

SARA, *à part et reculant.*
Mon mari !...

FRANZ.
Qu'est-ce donc ?... (*à part en regardant Reinhold.*) Ah ! le Comte... et elle a eu peur... Oh ! si c'était... je me vengerai... Venez, madame, venez ! (*Il remontent la scène avec elle, et ils disparaissent par la galerie à droite.*)

YANOS, *à Reinhold.*
Mais qu'avez-vous donc ?

REINHOLD, *à Yanos et à Mira.*
C'est... ce domino que j'ai déjà remarqué au bal...

MIRA.
Une jolie tournure, ma foi !

REINHOLD.
Si c'était la Comtesse ?

MIRA.
Allons donc !...

REINHOLD.
Laissez-moi... je veux savoir...

YANOS.
Fi ! une esclandre de bonnetier !... (*Il retient Reinhold.*)

REINHOLD.
Elle s'éloigne !

MIRA.
Colonel, retenez-le, pendant que je vais m'assurer par moi-même...

SCÈNE IV.

REINHOLD, MIRA, YANOS; OTTO, ALBERT, GOETZ, *tous trois en costumes d'Arménien.*

OTTO, *toujours en Arménien, et se plaçant devant la porte par laquelle sont sortis Sara et Franz ; à part.*
La comtesse nous sert trop bien, pour que je permette qu'on la dérange.

MIRA, *à Otto qui s'est placé devant lui.*
Pardon, monsieur.

OTTO, *d'une voix grave.*
Docteur José Mira... vendez-vous toujours de l'élixir de longue vie ?...

MIRA, *épouvanté.*
Grand Dieu !

YANOS.
Qu'est-ce donc (*A Otto qui se place devant lui.*) Au large, beau masque.

OTTO.
Yanos Georgyi, comptez-vous vous battre demain avec l'épée qui a tué Ulrich de Bluthaupt ?...

YANOS.
Qu'entends-je ?...

REINHOLD.
Quel est donc cet homme ?... (*Il remonte vers lui.*)

OTTO, *l'arrêtant.*
Comte de Reinhold, comment se porte votre vieille mère la marchande du temple ? (*Il disparaît par une porte à gauche ; au même instant un Arménien paraît à la porte de la galerie à droite.*)

REINHOLD.
Messieurs... messieurs... il faut retrouver cet homme...

YANOS, *apercevant et montrant l'Arménien à droite.*
Le voici ?... (*L'Arménien disparaît ; tout à coup un troisième Arménien paraît à la porte de la galerie à gauche.*)

REINHOLD, *montrant l'Arménien à gauche.*
Non, voilà le masque qui vient de nous parler à tous trois. (*L'Arménien de gauche disparaît : ils s'élancent à sa suite.*)

SCÈNE V.

FRANZ, SARA. (*Ils reparaissent tous deux par la droite, engagés dans une conversation intime.*)

FRANZ.
Quoi, vous avez beaucoup de choses à me dire, et vous refusez de me suivre !

SARA.
Oui, de ce côté.

FRANZ.
Il n'y a plus aucun de ceux qui vous ont effrayée.

SARA.
C'est vrai... mais ils peuvent revenir.

FRANZ.
Il ne vous reste donc qu'un moyen de leur échapper... venez ici. (*Il lui désigne le cabinet à droite.*)

SARA.
Soit, monsieur... (*A part.*) Ah ! il faut que je sache s'il m'aime véritablement. (*Elle entre dans le cabinet.*)

FRANZ, *sur la porte.*
Garçon, à souper... (*Avant d'entrer.*) Ah ! monsieur le comte, il est juste que vous fassiez les frais de mes adieux à la vie... (*Il entre, le garçon avec lui. Sara et Franz s'asseyent.*)

SCÈNE VI.

FRANZ, SARA, *dans le cabinet* ; OTTO, *reparaissant en cavalier allemand.* DEUX GARÇONS.

OTTO, *allant s'asseoir à une table à gauche.*
Garçon !

DEUXIÈME GARÇON.
Monsieur ?

OTTO.
Une galantine de faisan et deux flacons de margaux.

LE DEUXIÈME GARÇON.
Deux ?... Bien, monsieur ! (*Il disparaît un instant.*)

FRANZ, *à Sara dans le cabinet.*
Madame, j'ai promis de ne point chercher à vous reconnaître... mais j'espère toujours que vous me relèverez de ma promesse, vous avez sur moi trop d'avantages... cela n'est pas généreux !

SARA.
N'essayez pas de voir ma figure, monsieur.

FRANZ.
Elle doit être charmante !... Et je serais bien coupable... (*La conversation continue à voix basse pendant que le premier garçon met la table, et présente la carte à Franz qui s'interrompt pour lire le menu, et le lui donner.*)

OTTO, *au deuxième garçon qui le sert.*
Garçon !

LE DEUXIÈME GARÇON.
Monsieur ?

OTTO.
Êtes-vous adroit ?

LE DEUXIÈME GARÇON.
C'est selon.

OTTO.
J'ai une fantaisie à passer et une demi-douzaine de pistoles à jeter par la fenêtre. (*Ouvrant sa bourse et mettant six pièces d'or sur la table.*) Vous avez ici près un joyeux couple.

LE DEUXIÈME GARÇON.
Oui, un monsieur avec sa dame.

OTTO.
C'est cela même... ils sont un peu de ma connaissance... et je voudrais... (*Il hésite.*)

FRANZ, *dans le cabinet pendant que le premier garçon s'est éloigné pour aller chercher le souper.*
Que de beauté doit se cacher sous ce masque !

SARA.
Vous vous enflammez bien vite, monsieur... (*Le premier garçon rentre, pour achever de servir.*)

OTTO, *tirant sa montre et la mettant aussi sur la table.*
Je vais vous expliquer la chose... vous avez de l'autre côté une pendule excellente que j'ai entendue sonner comme si j'étais auprès... Il est cinq heures et demie juste... si dans trente minutes je n'entends pas sonner six heures, cet argent est à vous... arrêtez le balancier, et si la pendule ne sonne pas, vous aurez vos six pistoles.

LE DEUXIÈME GARÇON.
Oui, monsieur... (*Il s'approche du cabinet ; le premier garçon en sort, le deuxième l'arrête, lui parle bas, et y entre à son tour, avec précaution.*)

OTTO, *à lui-même pendant ce jeu de scène.*
Sara l'aimerait-elle... et voudrait-elle aussi le sauver ? Si c'était vrai !... attendons.

SARA, *dans le cabinet.*
Ah !... vous êtes bien jeune pour savoir si bien parler aux femmes !

FRANZ.
L'amour n'est-il pas un enfant ?

SARA.
Oui, un enfant menteur bien souvent ; aussi, malgré tout ce que vous me dites... je suis sûre que vous me trompez...

FRANZ.
En vous disant que je vous aime et que pour une heure de votre amour je donnerais tout ce qui me reste d'existence ?...

SARA, *à part.*
Il ne pense pas à elle... (*Apercevant le deuxième garçon qui arrête la pendule.*) Que fait donc là ce garçon ?... La pendule arrêtée ?... mais qui donc ?... c'est son salut à lui... mais c'est peut-être aussi le déshonneur de ma fille... je le saurai...

FRANZ.
Vous ne répondez pas, madame ?... et le temps passe... (*A part en regardant la pendule.*) Bon !... il est cinq heures et demie, et je ne me bats qu'à sept...

SARA.
Vous êtes jeune, beau garçon, aimable, brave, et je ne puis croire qu'aucune autre femme ne s'en soit aperçue avant moi ; n'est-ce pas qu'il y avait près de vous quelque femme ou quelque jeune fille.... (*Insistant.*) Une jeune fille qui vous a aimé pour votre misère comme vous l'avez aimée pour son abandon ?...

FRANZ, *à part.*
Décidément, c'est la Comtesse !...

LE DEUXIÈME GARÇON, *qui est ressorti du cabinet, et qui s'est approché d'Otto.*
J'ai réussi, monsieur.

OTTO.
Très-bien... vous avez gagné vos six pistoles... Ma carte sur-le-champ...

DEUXIÈME GARÇON.
On y va... (*Il sort et rentre presque aussitôt avec la carte.*)

SARA, *dans le cabinet.*
Tenez, monsieur, non-seulement vous me trompez en me parlant ainsi, mais je suis sûre que vous vous trompez vous-même... vous aimez encore cette jeune fille.

FRANZ, *étourdiment.*

LE FILS DU DIABLE.

Non, madame, non !..

DEUXIÈME GARÇON, à Otto.

Voici la carte.

OTTO, le payant.

Et voilà l'argent... Et maintenant si vous voulez gagner six autres pistoles, quand nos amoureux demanderont l'addition, vous serez une demi-heure à la leur apporter.

DEUXIÈME GARÇON.

Ça peut se faire.

OTTO.

Et je paye d'avance. (Il se lève et va écouter à la porte ; le garçon disparaît par la gauche.)

FRANZ, dans le cabinet.

Mais il n'y aurait plus que vous au monde, pour celui que vous aimeriez...

SARA.

Oh ! ne me dites pas cela, monsieur... Non, vous n'abandonneriez pas cette enfant... Si vous la retrouviez, vous vous feriez son protecteur.

FRANZ.

Détrompez-vous, madame, car à l'heure qu'il est, elle n'a d'autre protecteur que Dieu.

SARA, à part.

Et sa mère !...

OTTO, à lui-même.

Il est temps... Allons. (Il sort vivement.)

SARA, regardant à sa montre.

C'est l'heure !... que son sort se décide... (Avec agitation.) Monsieur, ce n'est pas votre cœur qui vient de parler ; car il doit vous dire que c'est mal...

FRANZ.

C'est mal de vous aimer, dites-vous, mal d'adorer la grâce, l'esprit. et la beauté ? C'est mal de rêver à vos genoux ces délices de l'amour qui n'appartiennent qu'à ces heureuses et brillantes fées qui gouvernent le monde avec un sourire, et dont les esclaves sont les rois de Paris ?...

SARA.

Monsieur, monsieur, c'est ainsi que vous parliez à une autre, sans doute ?...

FRANZ.

Jamais...

SARA.

Votre amour était donc un mensonge ?

FRANZ.

Peut-être...

SARA, à part en se levant.

Ah !...

FRANZ.

Mais qu'importe, je ne connais plus qu'un amour... celui que vous m'avez inspiré, celui qui me fait tout oublier....

SARA, avec intention.

Même que vous vous battez ce matin.

FRANZ, étonné.

C'est vrai, ce matin à six heures et demie.

SARA, avec force.

Et il en est sept...

FRANZ.

Miséricorde ! cette pendule était arrêtée... (S'élançant sur la scène.) Garçon ! garçon !... (A Sara qui le suit.) Madame... madame, vous m'avez trompé.

SARA.

J'avais eu pitié de vous, moi...

FRANZ, appelant.

Garçon ! (A Sara.) Oh ! vous pouvez ôter ce masque maintenant, madame, je sais qui vous êtes : vous appartenez à cette association de gens qui veulent me tuer, je ne sais pourquoi, mais vous êtes plus indigne qu'eux, vous avez voulu me déshonorer d'abord.

SARA.

N'avez-vous pas voulu déshonorer Noëmie ?

FRANZ.

Noëmie !... Non, madame, détrompez-vous. Noëmie !... c'est la chaste sœur qui pleurera sur ma tombe... et que je vais attendre là-haut.

SARA, étonnée.

Est-ce vrai, monsieur ?...

FRANZ, avec fureur.

Quelqu'un donc !... quelqu'un !... (Le Garçon paraît.)

FRANZ, lui jetant sa bourse.

Tenez, payez-vous.

SARA.

Mais vous n'irez pas à cet affreux duel, s'il est vrai que vous aimiez Noëmie.

FRANZ.

Cela est vrai, comme il est vrai que je vais mourir... (Il sort rapidement.)

SARA, seule.

Ah ! mon Dieu, me serais-je trompée ? (Elle le suit. — Changement à vue.)

SEPTIÈME TABLEAU.

Le bois de Boulogne. Une allée écartée. Effet de neige.

SCÈNE I.

REINHOLD, MIRA, YANOS. (Reinhold porte des épées sous son manteau. Mira et lui semblent transis de froid. Yanos est sombre et comme absorbé.)

MIRA.

Le fils du diable n'est pas exact !...

REINHOLD.

Le fait est qu'il montre peu d'empressement pour aller rejoindre monsieur son père...

YANOS, très-préoccupé.

Son père ?... le vieux Gunther de Bluthaupt !... Comme son visage était livide, lorsque vous lui versâtes le poison pour la dernière fois, docteur !...

MIRA.

Eh ! qui vous parle de cela ?...

YANOS.

Il s'agit donc du père de Margarethe... le comte Ulrich ?... Celui-là fut tué par le fer !... l'enfant ne lui ressemble pas autant que l'autre... L'autre !... vous savez bien... l'homme rouge !... Sans cela...

REINHOLD.

Colonel !... un peu de calme !... si vous vous mettez à retomber dans vos folles visions...

YANOS.

Était-ce une vision que cette voix qui m'a parlé cette nuit au bal ?...

REINHOLD.

Cela vous prouve que nous ne sommes pas seuls à savoir l'existence du fils de Gunther, et qu'on prétend renouveler contre nous les calomnies...

YANOS.

Les calomnies ?...

REINHOLD.

Que voulez-vous ?... l'habitude... Toujours est-il que vérités ou calomnies, il faut les désarmer... il faut que le fils du diable meure !...

YANOS, après un silence.

Croyez-vous aux pressentiments ?...

REINHOLD, haussant les épaules.

Allons donc !...

YANOS.

Je suis brave pourtant !... je n'ai pas peur de mourir !...

MIRA.

Vous allez l'écraser !...

YANOS.

Oh ! si je pouvais oublier !... Mais je vois toujours cette grande blessure ouverte et saignante...

REINHOLD, interrompant.

Une voiture !

MIRA, à Reinhold.

Il était temps !...

YANOS, relevant la tête.

Enfin !...

REINHOLD, à Mira

Le voilà qui redevient homme ! (Yanos fait un signe à Reinhold et à Mira, qui se rapprochent vivement de lui. On voit paraître au fond Otto, en cavalier allemand, son masque à la main.)

SCÈNE II.

LES MÊMES, OTTO, au fond du théâtre, puis ALBERT et GOETZ.

YANOS, à Reinhold et à Mira.

Ah ! ça, messieurs, un mot. On ne tue pas un homme à Paris, même dans un duel loyal, sans que la police s'en émeuve et beaucoup. Songez donc aux précautions à prendre, lorsque ce misérable et dernier rejeton des Bluthaupt...

OTTO, remettant son demi-masque.

Rentrera fort tranquillement dans Paris. (A la voix d'Otto, les personnages en scène se retournent brusquement.)

REINHOLD et MIRA.

Un homme masqué !...

YANOS.

Mais ce n'est pas lui ?...

OTTO.

Non, messieurs, ce n'est pas le fils du diable.

REINHOLD.

Il ne viendra pas ?

OTTO.

Je l'ignore... mais, en attendant qu'il vienne, monsieur le colonel Yanos Georgyi ne restera pas les bras croisés...

MIRA.

Plaît-il ?...

REINHOLD.

Qu'est-ce que cela veut dire ?

YANOS.

Qui êtes-vous ? que me voulez-vous ?

OTTO.

Vous plairait-il, colonel... ou plutôt noble Madgyar Yanos Georgyi, d'essayer d'abord votre épée contre la mienne ?

REINHOLD.

Mais...

YANOS.

C'est une querelle que vous cherchez ?...

OTTO.

Je ne cherche pas... le compte que nous avons ensemble est bien vieux, et doit avoir le pas sur une querelle d'hier... Voulez-vous vous battre avec moi, colonel Yanos ?

YANOS.

Un de plus... un de moins...

MIRA.

Mais non pas !

REINHOLD.

Cela est impossible !...

YANOS.

Hé ! laissez-moi !... (*A Otto.*) Démasquez-vous, et dites-moi votre nom.

OTTO.

Je ne veux pas le dire, et je veux me battre masqué.

REINHOLD.

C'est-à-dire que tout cela est une comédie concertée avec votre adversaire, colonel !... La licence du carnaval a ses bornes et ne peut couvrir une lâche parade...

OTTO.

Silence, monsieur !... je n'ai point encore affaire à vous.

MIRA, *s'avançant vers Otto.*

Voilà de bien menaçantes paroles !... Nous sommes les amis, les témoins du colonel, et nous ne souffrirons pas...

OTTO.

Eh bien ! puisque vous voulez absolument prendre un moment la place de monsieur... (*Mira recule vivement.*)

YANOS.

Pardieu ! ceci dure trop... Passez votre chemin ou dites-moi qui vous êtes, et démasquez-vous.

OTTO.

Ni l'un, ni l'autre... mais je vous rappellerai des souvenirs qui vous donneront soif de mon sang... car si vous ne me faites pas taire en me tuant, je les dirai partout.

YANOS, *avec colère.*

Parlez donc !... tout ceci commence à me fatiguer.

OTTO.

Et quand vous allez être couché là, sur la terre, je vous promets que vous verrez mon visage et que vous saurez mon nom avant de mourir.

YANOS, *faisant un pas vers Otto.*

Parle !

REINHOLD, *essayant de se mettre entre eux.*

Nous nous opposons formellement...

MIRA.

D'ailleurs, où sont vos témoins ?

OTTO.

Les voici. (*Albert et Goëtz paraissent au fond, enveloppés de manteaux et masqués comme leur frère. Reinhold et Mira se retournent et reculent étonnés.*)

OTTO, *à Reinhold et Mira.*

Arrière, messieurs !... (*S'approchant d'Yanos, à mi-voix.*) Yanos Georgyi, tu as raconté à ces hommes que tu avais quitté la Hongrie pour avoir tué en duel le frère d'une fille noble que tu avais séduite... Yanos Georgyi, tu as menti ! Tu as attaqué le comte de Posen avant qu'il fût en garde... tu l'as assassiné... et tu es un lâche !

YANOS.

Misérable !...

OTTO.

Yanos Georgyi, tu t'es vanté d'avoir loyalement mis à mort Ulrich de Bluthaupt... Tu as menti ! tu l'as frappé pendant qu'il ramassait son épée... tu l'as assassiné... tu es un lâche !...

YANOS, *furieux.*

Une épée, vous dis-je, une épée !...

REINHOLD et MIRA.

Mais, colonel...

YANOS, *arrachant une des épées que porte Reinhold*

Pas un mot !

REINHOLD.

Songez aux suites !...

YANOS.

C'est la voix de cette nuit. Il faut que cet homme meure ! (*A Otto.*) En garde ! (*Reinhold et Mira s'écartent ; le combat commence. Yanos fond plusieurs fois sur Otto, qui pare avec sang-froid. Après quelques passes, Yanos, perdant la tête, vient s'enferrer de lui-même contre l'épée d'Otto. Jetant un cri.*) Ah !... (*Il tombe au milieu de la scène.—Mira se penche sur lui et examine sa blessure.*)

REINHOLD, *à Mira.*

Eh bien ?...

MIRA, *d'une voix sourde.*

Droit au cœur !...

OTTO, *repoussant Mira et Reinhold.*

Cet homme m'appartient. (*Ils s'agenouille et le soulève.*) Yanos Georgyi !... (*Un silence.*) Yanos Georgyi !... (*Yanos ouvre les yeux.*) Regardez !... écoutez !... (*Il ôte son masque et se penche sur lui.*) L'aîné des trois bâtards !...

YANOS, *terrifié.*

Oh !... Otto !... (*Il retombe et expire.*)

SCÈNE XII.

LES MÊMES, FRANZ.

FRANZ, *accourant et voyant le cadavre d'Yanos.*

Le colonel !...

OTTO, *qui a remis son masque.*

Vous arrivez trop tard.

FRANZ, *reculant de surprise à la vue d'Otto et de ses frères.*

Encore ces trois hommes !... (*La toile tombe.*)

ACTE IV.

HUITIÈME TABLEAU.

L'intérieur de l'arrière-boutique d'Araby, remplie d'une foule d'objets divers, habits riches et pauvres, meubles rares ou mesquins, etc.—Une porte à gauche, une porte à droite, et une porte au fond donnant sur la boutique, au delà de laquelle on aperçoit la place de la Rotonde. Une fenêtre à droite, au dernier plan. A gauche, au deuxième plan, un portemanteau, derrière lequel un renfoncement est caché.

SCÈNE I.

NOÉMIE, *seule, accroupie sur son matelas, étendu à gauche.*

Mon Dieu, mon Dieu ! quelle destinée m'avez-vous faite ?... je suis née dans la misère, j'ai vécu dans l'abandon, et je meurs dans la souffrance. Le méchant, avez-vous dit, sera maudit dans sa race jusqu'à la quatrième génération. De qui suis-je donc née pour que vous m'ayez frappée avec tant de rigueur ?... J'ai eu faim, j'ai eu soif, j'ai eu froid, et j'ai supporté le froid, la soif et la faim ; le mari que vous m'avez donné m'a battue et brisée de sa main brutale, et j'ai caché mes meurtrissures sous mes haillons ; mais vous voulez tuer ma vie dans la vie d'un autre... c'est trop, mon Dieu, c'est trop ! vous n'avez pas mesuré vos coups à ma faiblesse... Il faut donc que je meure... et je n'ai pas seize ans ! (*Elle se soulève.*) Où es-tu, Franz, où es-tu ? l'heure de ton combat est passée, et je te connais, mon Franz, tu as été offrir ta poitrine loyale à l'épée de tes assassins ; car ils voulaient t'assassiner, et ils ont réussi sans doute, et pendant que tu meurs, je suis là, moi... enfermée dans cette cage glacée... et il semble que le maître implacable qui m'y retient a deviné qu'en ce jour fatal son absence m'est un supplice plus cruel que ses brutalités, car il ne vient pas... et l'heure habituelle est passée !... Oh ! s'il ne venait plus... s'il me fallait mourir ici. (*Se levant.*) Oh ! sauvez-moi, mon Dieu, sauvez-moi !... peut-être que Franz vit encore... peut-être ne m'avez-vous pas condamnée tout à fait... (*Elle écoute.*) Enfin... c'est mon maître... je l'entends... merci, mon Dieu, merci... le voilà Oh ! ce lit, ce lit... hâtons... il me battrait encore... et je n'ai plus la force de souffrir. (*Elle essaye de rouler son matelas.*)

SCÈNE II.
NOÉMIE, ARABY, LA BATAILLEUR.

LA BATAILLEUR, *qui veut entrer et qui se trouve prise dans la porte que pousse Araby.*
Ah ça, vous voulez donc m'exterminer, voisin ?
ARABY, *la repoussant.*
Que voulez-vous ?... allez-vous en...
LA BATAILLEUR.
J'ai à vous parler.
ARABY.
Attendez que j'aie ouvert ma boutique... vous pourrez passer par la porte de tout le monde.
LA BATAILLEUR.
Mais j'ai à vous dire des choses que tout le monde ne peut pas entendre.
ARABY.
Venez-vous m'apporter de l'argent ?
LA BATAILLEUR.
Je viens vous en demander.
ARABY.
Je n'y suis pas... allez au diable... (*Il la repousse tout à fait dehors.*)

SCÈNE III.
ARABY, NOÉMIE.

ARABY, *descendant la scène.*
Qu'est-ce que vous faites là, paresseuse, fainéante ?... est-ce pour user mes matelas à dormir que je vous ai prise à mon service ?...
NOÉMIE, *essayant toujours de rouler son matelas.*
Je me dépêche...
ARABY, (*à lui-même tout en ôtant son paletot et le mettant au portemanteau ; il pose sa casquette et ses lunettes sur une table à droite.*)
Me demander de l'argent !... la vieille folle... qu'en veut-elle faire ?... le dépenser... La loi devrait défendre de rendre l'argent à ceux qui n'en font pas bon usage. (*Il se retourne vers Noémie et voit qu'elle ne peut soulever le matelas.*) Aurez-vous bientôt fini ?...
NOÉMIE.
Je ne puis pas... je suis si faible...
ARABY, *allant à elle.*
Je vous donnerai des forces... moi.
NOÉMIE.
Ah ! pitié... monsieur, pitié...
ARABY.
Je vais ouvrir la boutique...Vous prenez bien votre temps pour vous croiser les bras... aujourd'hui surtout !... Un mardi gras !... un bon jour encore ! ah ! les fous !... ils vont venir emprunter pour la débauche... ils viendront demain emprunter pour le pain de leurs enfants !...
NOÉMIE, *après avoir porté à grand' peine son matelas dans le cabinet qui est à gauche, au premier plan.*
Si vous le voulez, monsieur... je vais maintenant aller chercher votre déjeuner. (*A part.*) Peut-être rencontrerai-je Franz...
ARABY.
Il est trop tard... quand l'heure est passée je n'ai plus faim ; et quant à vous qui avez dormi la grasse matinée...
NOÉMIE.
Dormi.... oh ! non....
ARABY.
Vous n'avez pas envie de manger, je suppose... d'ailleurs vous avez votre bonne amie mademoiselle Gertraud, qui vous approvisionne de tout...Ce Hans finira mal... il se laisse gaspiller son bien... (*En sortant.*) S'il vous reste quelque chose de ce qu'elle vous apportera... mettez-le de côté... ça sera bon pour demain. N'ouvrez qu'à Gertraud surtout, et si on frappait, avertissez-moi... Allons, à votre tricot... paresseuse.

NOÉMIE, *au moment où Araby est sur le point de s'éloigner.*
Ah ! permettez-moi de sortir...
ARABY, *se retournant.*
Sortir !...
NOÉMIE.
Une heure... un instant...
ARABY, *courant à elle.*
Tu veux sortir, malheureuse... Pourquoi faire ?... pourquoi ?... Tu m'as donc pris quelque chose ?... tu m'as volé ?... tu veux aller le cacher... le vendre ?

NOÉMIE.
Ah ! monsieur... monsieur... qu'ai-je donc fait à Dieu.. pour qu'il ne m'épargne aucune douleur...
ARABY.
C'est bon... mettez-vous là. (*Il lui fait signe d'aller à son tricot, qui est placé sur une petite table à droite ; Noémie y va en tremblant.*) Je vous surveillerai... et travaillez, au lieu de sortir... (*Il sort par le fond.*)

SCÈNE IV.
NOÉMIE, seule ; puis GERTRAUD.

NOÉMIE, *avec désespoir.*
Eh bien ! non... je ne travaillerai plus... il me battra, et je mourrai... il me chassera, et j'irai mourir sur le pavé... c'est trop souffrir... je ne peux plus... je ne veux plus... (*Elle tombe sur une chaise ; on frappe à la petite porte du fond.*) On frappe... je n'irai pas... que m'importe... (*On frappe encore.*) Non... non...
GERTRAUD, *à travers la porte.*
Noémie !...
NOÉMIE, *à elle-même.*
C'est Gertraud... elle m'apporte du pain... ce serait pour vivre un jour de plus... Non... non...
GERTRAUD, *en dehors.*
Noémie !...
NOÉMIE, *de même.*
J'aime mieux mourir.
GERTRAUD, *en dehors.*
Noémie... de la part de M. Franz...
NOÉMIE, *avec éclat.*
De la part de Franz, a-t-elle dit !... Oh ! merci, mon Dieu... il vit et ne m'a pas oubliée... Attendez, attendez... (*Elle ouvre la porte ; Gertraud entre.*)
GERTRAUD.
Pourquoi ne m'ouvrais-tu pas ?...
NOÉMIE.
Parce que... je ne sais... Mais... ne m'avez-vous pas dit que vous veniez de la part de quelqu'un ?... de la part...
GERTRAUD.
De M. Franz...
NOÉMIE.
Oh !... soyez bénie...
GERTRAUD.
Un bien beau jeune homme...
NOÉMIE.
Oh ! oui, il est beau.
GERTRAUD.
Et qui a l'air bien bon...
NOÉMIE.
Oh ! oui, il est bon... Mais... vous l'avez vu ?...
GERTRAUD.
Oui...
NOÉMIE.
Et que vous a-t-il dit ?...
GERTRAUD.
A moi, rien... mais il a parlé à mon père.
NOÉMIE.
A votre père ?...
GERTRAUD.
Oui, il est venu hier à la maison pour vendre des habits.
NOÉMIE.
Ah ! il est pauvre aussi... comme sont tous les orphelins.
GERTRAUD.
Mon père les lui a achetés une bonne somme.
NOÉMIE.
Que m'importe ?... Mais Franz, lui !... qu'est-il devenu ?
GERTRAUD.
Il a fait deux parts de son argent.
NOÉMIE.
Mais lui... lui ?...
GERTRAUD.
Et il a dit à mon père : Si demain, à neuf heures, je ne suis pas revenu, vous ferez remettre cet argent à Noémie...
NOÉMIE.
Mais il est revenu ?
GERTRAUD.
Non, puisque je t'apporte l'argent.
NOÉMIE, *avec un cri.*
Oh ! il est mort ! (*Elle tombe assise et toute en larmes.*)
GERTRAUD.
Mort ?...
NOÉMIE, *pleurant.*
Oui... mort... car il devait se battre ce matin... et... Oh ! mon Dieu, je n'avais que lui, moi !... et vous me l'avez tué !...

GERTRAUD.
Mais ce n'est pas possible... il n'est pas mort...
NOÉMIE.
Puisqu'il m'aimait, il devait mourir !
GERTRAUD.
Et toi, tu l'aimais aussi ?
NOÉMIE.
Si je l'aimais!... Oh! je serai bientôt près de toi, mon Franz...
GERTRAUD.
Mais tu sais bien que c'est un crime de se tuer.
NOÉMIE.
Oh! je n'ai pas besoin de me tuer... va... je vivais parce qu'il vivait; ils me l'ont tué... je serai bientôt morte !
GERTRAUD.
Non... tu ne mourras pas... car il n'est peut-être pas mort, et je te consolerai... moi... Et cet argent qui t'appartient ?
NOÉMIE.
Je n'en n'ai plus besoin... Je n'ai pas même eu ce monde un plus malheureux que moi à qui le laisser.
GERTRAUD.
Il soulagera ta misère... d'ailleurs c'était son dernier vœu, sa dernière pensée...
NOÉMIE.
Son dernier vœu, sa dernière pensée... eh bien, donne... donne... (Elle le baise.) Pauvre argent ! merci, mon Franz... merci... Si pour cet argent je puis acheter un coin de terre pour y dormir tous deux, j'aurai du courage jusque là...
GERTRAUD.
Pauvre Noémie!... espère... espère encore!... Dieu est juste, Dieu est bon...
NOÉMIE, se levant.
Les hommes sont impitoyables...
GERTRAUD.
Je te promets de le trouver... mon père doit savoir où il demeure.

SCÈNE V.

NOÉMIE, GERTRAUD, LA BATAILLEUR, ARABY.

ARABY, dans la boutique.
Mais on n'assassine pas les gens comme ça. (Il entre par la droite.)
LA BATAILLEUR, qui le suit un papier à la main.
Merci, père Araby... une traite sur monsieur de Geldberg, c'est de l'argent en barro...
ARABY, à Gertraud.
Qu'est-ce que vous faites là?... qui vous a permis d'entrer ici?... allez-vous en...
GERTRAUD.
Ah ! dites donc... doucement... c'est que j'ai mon père moi, et on ne me bat pas... (Bas à Noémie.) Attends-moi...
ARABY.
Aussi ferez-vous un joli sujet... allez, allez... (Il la reconduit jusqu'à la porte du fond, et en se retournant il voit la Batailleur qui s'est approchée de Noémie.)
LA BATAILLEUR, bas à Noémie.
Ce soir à la nuit, viens à ma boutique, j'ai une bonne nouvelle à t'annoncer.
NOÉMIE.
Ah ! tout mon bonheur est mort maintenant.
ARABY, accourant et oubliant de fermer la porte.
Eh bien, qu'est-ce que vous lui dites là ?... (A Noémie.) Allons, rentrez, fainéante; allez au diable... je ne vous dois plus rien... (Noémie sort par la gauche.)
LA BATAILLEUR, à part.
C'est tout de même drôle que ce soit chez le baron de Geldberg... que le vieux Araby ait placé l'argent de la comtesse.
ARABY.
Vous en irez-vous, vieille sorcière?... (Il la prend rudement par le bras et la fait sortir par la porte de droite.)
ARABY, un instant seul.
Mauvaise journée... mauvaise journée ! il semble que l'heure du malheur soit arrivée... Reinhold ruiné ! notre crédit prêt à se perdre ! et être obligé de rendre cet argent avec lequel j'allais faire une opération magnifique... (Il va vers la cachette placée derrière le porte manteau, et tout en parlant, il prend un coffret et serre des billets dedans; après quoi, il replace le coffret dans la cachette.) Pourvu qu'il n'arrive pas quelque nouveau désastre... car lorsque la ruine tombe sur une famille, elle entre par les portes, par les fenêtres, elle entre partout. (Il s'arrête tout à coup en voyant la porte du fond s'ouvrir.) Qu'est-ce que c'est que ça?... Que voulez-vous?... qui êtes-vous?...

SCÈNE VI.

ARABY, OTTO, en vieux juif allemand.

OTTO, entr'ouvrant la porte.
Ché t*mante le pon monsier Araby,
ARABY.
Monsieur Araby? je ne le connais pas...
OTTO.
On m'avre tit bourlant que li être izi son poutique.
ARABY.
Il n'y est pas...
OTTO.
Pah ! pah ! et vous être chi lui et vous ne le gonnaissez bas... vous y être doug un folour... je vas gerger la carte.
ARABY, l'arrêtant.
De quoi vous mêlez-vous ?... et qui êtes-vous?
OTTO, d'un ton doucereux.
On m'abèle le pon père Isaac Fürster, de Francfort...
ARABY.
Isaac Fürster... de Francfort...
OTTO.
Eh ! ya, gonpère !... vous ne me regonnaissez pas?...
ARABY.
Attendez... attendez donc... oui... cette barbe... rouge... ce nez crochu... c'est lui... (Il ferme la porte et descend la scène avec Otto.) Entrez, mon cher Isaac... Dame ! il y a vingt ans que je ne vous ai vu, et vous étiez plus jeune...
OTTO, riant.
C'est frai... bien frai... il y afro vind ans, chedais plis chene... Ich romme also mein bester Araby.
ARABY.
Ah ! parlons français, si ça vous est égal... la langue allemande ne m'est plus familière...
OTTO.
Parlons français.
ARABY, à part.
Ah ! il est riche, lui ! Que vient-il faire ici, et que peut-il me vouloir ?
OTTO, regardant les nippes et les meubles.
Hé, hé, hé !... ça va bas mal les pedides affaires... foilà... foilà des ponnes marjandises... C'est dans les vielles boches où on troufe de l'archent nef.
ARABY.
Ah ! confrère... confrère... les temps sont bien durs... et on a bien de la peine à amasser quelques sous pour ne pas mourir de faim...
OTTO.
Z'être dong à Baris gomme à Francfort... Ah ! gonfrère... j'afais engore guelgues gapitaux et ché groyais bouvoir en direr barti... dans ce bays-ci.
ARABY, à part.
Ah ! diable. (Haut.) Ah ! vous êtes bien heureux... asseyez-vous donc... (Il lui donne une chaise.) Vous avez peut-être froid, et je n'ai pas de feu... je suis sorti toute la matinée... et je voudrais vous offrir quelques petits rafraîchissements pour vous réchauffer... mais...
OTTO.
Che n'ai pesoin de rien...
ARABY.
Un verre d'eau... avec une goutte d'eau-de-vie ? (Il va chercher une table riche qu'il place au milieu de la scène, puis il va prendre dans une petite armoire pratiquée dans le mur au fond, une mauvaise carafe, une fiole d'eau-de-vie et deux verres dépareillés. Enfin, il se choisit un siège; mais il trouve une chaise portant un habit riche; il la respecte et va prendre un méchant escabeau.)
OTTO, joyeusement.
Une coutte t'eau-te-fie, et vous barlez de misère... Ah ! gonfrère...
ARABY.
Quand on retrouve un ami, il faut bien se divertir.
OTTO.
Allons... ché veux bien... faisons une petite orchie...
ARABY.
Oui, une petite orgie... une petite folie... Ah ! quel plaisir ça fait de retrouver un vieil ami de la bonne Allemagne... C'est solide, ça !... (Il s'assied.) Et causons... Vous veniez donc pour faire quelques affaires ? (Il lui verse de l'eau, puis un peu d'eau-de-vie, deux gouttes.)
OTTO.
Il vaut bien faire travailler ses betides ressources... et je fou-

lais afoir guelgues renseignements... sur la biace...
ARABY.
Elle est difficile à connaître... il y a tant de fripons.
OTTO, *élevant son verre.*
A fotre zanté...
ARABY.
A la vôtre, confrère... (*Il boit.*) Quoiqu'il y ait de bonnes affaires en ce moment.. (*Il verse encore.*)
OTTO.
Foyons... foyons... Ah! gonfrère, fous foulez me griser...
ARABY.
Je suis si content !...
OTTO.
Eh pien ! quelle pelle avaire bourrions-nous faire ?...
ARABY
Écoutez-moi bien... Vous connaissez le Temple ?...
OTTO.
Ya... ya...
ARABY.
Vous savez qu'il se prend à bail ?
OTTO.
Ya... foui... foui...
ARABY.
Il y a un principal locataire à qui l'affaire est affermée pour quatre cent mille francs par an, et qui gagne cent mille francs sur les loyers...
OTTO.
Hó !... hé !... c'est un fin batois... un...
ARABY.
C'est un sot ; il y a deux cent mille francs à gagner par an sur l'entreprise.
OTTO.
Hó ! hó ! teux cent mille francs... c'est pon... très-pon à embocher.
ARABY.
Eh bien ! le principal locataire a besoin de capitaux disponibles dans ce moment...
OTTO.
Frui ?...
ARABY.
Et si on lui donnait deux cent mille francs comptant... il céderait son marché...
OTTO.
Beste... beste... alors ché fournirai un moitié de la zomme et fous l'autre... et nous partacherions...
ARABY.
Oui... nous partagerions... mais vous fournirez tout.
OTTO.
Bas bossible...
ARABY.
J'apporte l'affaire... c'est ma mise de fonds... Buvez donc.
OTTO.
Z'est chiste... z'est chiste... pon... pon... Fous êtes tujurs un bien prave homme, mon cher monssié... Je donnerai dout... et c'haurai moitié... c'est pon...
ARABY.
Ainsi donc... vous trouvez l'affaire bonne ?
OTTO.
Très-ponne !... très-ponne !...
ARABY, *à part.*
Ah ! comme le pauvre homme a baissé !...
OTTO.
Mais la défigulté est que che n'avais pas les vonds disponibles...
ARABY.
Je le crois... mais vous avez sans doute des valeurs ?...
OTTO.
Brécisément... j'avais un petite broche que che voulais escompter...
ARABY.
Une petite broche de combien ?
OTTO.
Un rien... bresque rien... zent drente mille francs...
ARABY.
C'est plus de la moitié de la somme nécessaire.
OTTO.
Et zur une pien ponne maison... zi vous fouliez... me la brendre...
ARABY.
Moi... hélas ! mon brave Isaac... cent trente mille francs... et moi... il y a longtemps que nous ne nous sommes vus face à face.
OTTO.
Alors... z'est inutile... d'en barler.

ARABY.
Mais... j'ai des amis...
OTTO.
Des richards ?
ARABY.
L'honorable baron de Geldberg veut bien s'en rapporter quelquefois à moi.
OTTO.
L'honoraple paron de Goldberg... Ah !... ah !... pon, pon... il beut m'escompter cette draite ?... il est dong pien riche ?...
ARABY.
Je voudrais qu'il me dût un million.
OTTO, *tirant une traite d'un vieux portefeuille en parchemin.*
Pon... pon... en ze cas... foulez-fous me vaire l'amitié de me vaire bayer... cette petite broche... Zent trente mille francs sur la ponne maison Reinhold, Geldberg et compagnie... foyez... (*Il la présente à Araby, qui veut la prendre ; Otto la retire en disant :*) Te loin..
ARABY, *lisant.*
« Maison Reinhold, Geldberg et compagnie... cent trente » mille francs ! » (*A part.*) Une traite de Zachœus !...
OTTO.
Un draite de ce bon mener Zachœus Nesmer... c'est un pieu prave homme.
ARABY.
Et cette traite, de qui la tenez-vous ?
OTTO.
De ce pon monsieur de Rodach... le neveu de Zachœus...
ARABY.
Il est donc à Franfort ? (*Tous deux se lèvent, et Araby emporte la table.*)
OTTO.
Il y était foilà un an ; mais le bovre tiaple, il avre foulu foir l'Amérique, et il avre été téforé par les sauvaches... avec tous ses habiers... il ne m'avre laissé que cette draite...
ARABY.
Vous ne l'avez donc pas présentée à la maison Reinhold ?
OTTO.
Je l'ai brésentée...
ARABY.
Il est impossible qu'on n'ait pas payé.
OTTO.
La preufe... z'est que foilà le brotet... (*Il lui montre le protêt attaché à la traite.*)
ARABY.
Une traite protestée... mais ce Reinhold est donc ruiné ?...
OTTO.
Il me reste ce pon paron de Geldberg; qui a tes millions.
ARABY, *hésitant.*
Des millions ?... je le croyais... mais je crains bien qu'il ne soit ruiné aussi.
OTTO, *joyeusement.*
Pon... pon... tant mié... z'il ne baye bas, za zera un pien meilleure avaire...
ARABY.
Comment, une meilleure affaire ?...
OTTO, *se frottant les mains.*
Zuberbe ! zuberbe !... si le paron n'a bas bayé aujourd'hui, je le vais boursuivre... et alors on ferra... on ferra tes trôles de choses...
ARABY.
Mais que verra-t-on ?...
OTTO.
Le prave paron, il avre un vortune à part... vous zavre pas ça, il se gache... il brète à la petite zemaine... il vait des pons affaires...
ARABY.
C'est un mensonge.
OTTO.
Ah ! que fous êtes pien innocent... vous savre bas ça, et bourdant il loche dans le Demble.
ARABY.
Dans le Temple ?...
OTTO.
Mais za n'est bas dout... le paron de Geldberg... za n'y être bas un paron...
ARABY.
Vous dites ?...
OTTO.
Lui ôtre un anzien goufrère to la Jodengasse... (*Bas.*) Ste goquin de Mosès Geld...
ARABY.
Un coquin !...

OTTO.
Ya, che veux qu'il me tonne teux cent mille francs... qu'est-ce que che dis?... che veux qu'il me tonne drois cent mille francs...
ARABY, *furieux et lui sautant à la gorge.*
Mais tu n'es pas un homme !
OTTO, *doucereusement.*
Che suis un gonfrère... monsié Araby... che suis gomme fous.. ch'aime l'argent...
ARABY, *se ravisant.*
Eh bien, voyons... le baron de Geldberg m'a plusieurs fois tiré d'embarras et je veux...
OTTO.
Lui rendre le même zervice, c'est chiste... c'est chiste...
ARABY.
Vendez-moi cette traite... dix mille francs.
OTTO.
Foyons, gonfrère, raisonnons... Ou la draite est ponne et elle faut cent drente mille francs, ou elle ne faut rien et je ne feux pas vous foler... un gonfrère !... Ch'aime mié aller chez l'huissier...
ARABY.
Je vous en donne vingt mille...
OTTO.
Ché vous folerais bien plus... Je fas chez l'huissier.
ARABY.
Trente mille... Cinquante... Soixante...
OTTO, *avec transport.*
Elle est tonc bonne !... merci. Je fas tout de suite... chez l'huissier.
ARABY.
Attendez... (*A part.*) Oh ! le chien... l'infâme... le Juif !
Vous tites ?
ARABY.
Rien !... Ô mon Dieu !... attendez... Le baron de Geldberg... a des ennemis, on le calomnie... mais, comme je vous l'ai dit, il m'a rendu service, et je veux...
OTTO.
Che pas fouloir... che feux boursuifre...
ARABY.
Poursuivre !... Mais vous me proposiez tout à l'heure de me passer cette traite ?
OTTO.
Che n'édais bas sûr que le paron... fût ce trôle de Moses Geld... je n'édais bas sûr qu'il se gachait tant le Temble... mais à présent... che veux mon archent gomptant... dout de zuite... ou je fas chez le gommissaire.
ARABY, *résolument.*
Eh bien !... attends... (*A part.*) Ah ! le misérable... je le connais... il est sans pitié... (*A Otto.*) Attends, ne regarde pas. (*Il se dirige vers sa cachette, tandis qu'Otto se tient sur le devant de la scène, à droite.*)
OTTO.
Je ne regarde pas...
ARABY.
Cet infâme Zachæus, il nous a trahis... (*Il écarte les hardes du porte-manteau, prend son coffret dans la cachette, et en tire plusieurs liasses de billets de banque.*) Oh ! cet argent... amassé avec tant de peine !... le donner... le perdre !...
OTTO.
Z'est zent trente mille francs que je perds à vous zéder ste ponne avaire.
ARABY.
Tiens... voilà ton argent... (*Il va pour lui donner les billets de banque, mais voyant qu'Otto ne lui donne pas la traite, il les éloigne.*)
OTTO.
Foilà la draite... (*Même jeu de la part d'Otto pour la traite. Enfin ils font ensemble l'échange des billets et de la traite, puis Otto met vivement les billets dans sa poche.*)
ARABY, *avec terreur.*
Il ne compte pas !... (*A Otto.*) Vous n'êtes pas Isaac Fürster...
OTTO, *se redressant et reprenant sa voix naturelle.*
Je suis Isaac Fürster... comme vous êtes le juif Araby.
ARABY, *atterré.*
Comment ?... quoi ?...
OTTO, *d'une voix forte.*
Adieu, monsieur le baron de Geldberg... quand je n'en aurai je viendrai vous en redemander. (*Il sort par le fond.*)

SCÈNE VII.
ARABY, *seul.*

Le baron de Geldberg, a-t-il dit ?... Quel est cet homme ?... Ah ! je suis perdu !... ruiné... on sait tout... il faut fuir !... Fuir ! lorsque les domaines de Bluthaupt vont être à nous... lorsque je puis m'emparer de ce trésor dont je connais seul l'existence et qui est caché dans les caveaux de cette fatale demeure... car Yanos a dû le tuer, ce misérable Franz !... que j'ai nourri... et qui veut me ruiner... Oh ! fou que j'ai été... et c'est pour toi, Sara, pour satisfaire un de tes caprices que je l'ai épargné !... Mais qui donc m'a trahi ?... qui donc a révélé mon secret ?... (*Noémie chancelante paraît.*) On m'a espionné, on m'a suivi... oh ! si je connaissais l'infâme...

SCÈNE VIII.
NOÉMIE, ARABY, *puis* FRANZ, *puis* SARA.

NOÉMIE, *s'appuyant contre la muraille.*
Ah ! mon Dieu... que c'est long de mourir !
ARABY, *jetant les yeux autour de lui et apercevant Noémie.*
Ah !... elle !...
NOÉMIE, *à elle-même.*
Mais qui donc me viendra en aide ?...
ARABY, *marchant vers elle.*
Ah !... c'est toi, j'en suis sûr... c'est toi !
NOÉMIE.
Moi... moi...
ARABY, *lui prenant le bras et l'attirant sur le devant de la scène.*
Réponds !... on m'a volé... on m'a pillé... et tu étais leur complice... réponds... Pourquoi t'as-tu introduit ici ?...
NOÉMIE.
Moi... Je ne sais...
ARABY.
Ah ! tu ne sais... Que faisais-tu là ?
NOÉMIE.
Je pleurais...
ARABY.
Tu m'espionnais, tu leur as dit que j'avais de l'argent.
NOÉMIE.
Moi !...
ARABY.
Avoue-le, dis-moi la vérité... Parle donc, ou bien... (*Il la menace.*)
NOÉMIE, *tombant à genoux.*
Oh ! tuez-moi donc tout de suite, monsieur... car je n'ai plus la force de souffrir... (*Elle tire son mouchoir pour essuyer ses larmes, et la bourse que lui a donnée Gertraud tombe de sa poche.*)
ARABY, *voulant s'en emparer.*
Qu'est cela ? de l'argent... mon argent !
NOÉMIE, *se relevant après avoir ramassé la bourse.*
Cet argent est à moi, monsieur.
ARABY.
Tu m'as volé !...
NOÉMIE.
Horreur !...
ARABY.
Et tu étais de moitié avec l'infâme qui vient de me dépouiller... Ah ! misérable fille... (*Il veut lui arracher de force la bourse.*)
NOÉMIE.
Pitié... pitié... vous me faites mal, monsieur... Cet argent, on me l'a donné.
ARABY, *exaspéré.*
Rends-le moi... rends-moi tout... cent trente mille francs, entends-tu... je les veux... rends-les moi...
NOÉMIE, *fuyant devant lui.*
O Franz !... Franz !... moi aussi, je vais mourir !
ARABY.
Franz !... Franz !... tu le connaissais... tu connaissais ce misérable, et vous vous êtes ligués contre moi !
FRANZ, *en dehors.*
Noémie ! Noémie !
NOÉMIE, *s'élançant du côté de la fenêtre.*
Grand Dieu !
ARABY, *la poursuivant.*
Ah ! tu veux m'échapper !
FRANZ, *dont la voix se rapproche.*
Noémie !
NOÉMIE.
Franz !... à moi !... Franz !.. (*Franz secoue la fenêtre avec force.*)
ARABY.

Il est mort! et tu vas mourir aussi!...
FRANZ, *brisant la fenêtre et s'élançant sur la scène.*
Arrière! misérable!...
NOÉMIE, *allant tomber dans ses bras.*
Franz!...
ARABY.
Le fils du diable!... (*Éperdu de rage et de terreur, il s'élance sur une barre de fer qui est contre un meuble, et court, la barre levée, sur Franz. Noémie pousse un cri d'effroi. Franz arrache la barre des mains d'Araby, le repousse violemment, et le vieillard va tomber en chancelant vers le coin à gauche.*)
FRANZ, *en le repoussant.*
Infâme!...
NOÉMIE.
Oh! laisse-le... et sauve-moi... sauve-moi. (*Ils s'élancent tous deux vers la porte du fond, dont Franz a tiré le verrou.*)
FRANZ.
Viens donc... viens... Ah! c'est moi qui te protégerai désormais... (*Ils sortent par la porte du fond à droite.*)
ARABY, *reprenant un moment ses sens et se levant avec effort sur une main.*
Ah! perdu!... perdu!... (*Il retombe évanoui; en ce moment, Sara paraît à la porte du fond à gauche, en s'écriant :*)
SARA.
Laisse-moi... ce sont les cris de ma fille que j'ai entendus, et je veux l'arracher à cet infâme... (*Elle s'approche à l'aspect d'Araby, le regarde avec attention, puis pousse un cri.*) O mon Dieu, mon Dieu!... mon père!... — *La toile tombe.*

NEUVIÈME TABLEAU.

Le grand salon de l'hôtel de Reinhold. A gauche, une grande table ronde, couverte de papiers. — Porte au fond. — Deux portes latérales.

SCÈNE I.

REINHOLD, GELDBERG, MIRA, ACTIONNAIRES. *Une assemblée d'actionnaires. Reinhold est debout derrière la table; Mira, assis à gauche; le baron de Geldberg, à sa droite. Les Actionnaires sont assis sur des banquettes à droite de la scène.*)

REINHOLD.
Ceci, messieurs, est une de ces opérations sublimes dans leur simplicité : c'est la découverte de la vapeur qui s'échappait inerte et inutile de la magnifique théyère du riche, comme de la bouilloire de terre du pauvre, jusqu'au moment où un homme de génie lui a dit : Tu m'obéiras! (*Montrant Geldberg.*) Et cet homme de génie, le voilà!...
TOUS.
Bravo! bravo!
GELDBERG.
Monsieur...
REINHOLD.
Je ne ferai pas son éloge devant lui, pour ne pas blesser sa rare modestie, ni devant vous; car vous savez ce qu'il y a de sagesse, d'expérience, d'honneur, de probité, de générosité et de grandeur chez ce noble et austère vieillard.
LES ACTIONNAIRES.
Très-bien... bravo!...
REINHOLD.
Je me résume, car vous m'avez parfaitement compris. Les grands capitaux sont défiants et par conséquent immobiles; mais les petits capitaux sont faciles à mettre en mouvement. Demandez un million au plus riche capitaliste de Paris, pour venir en aide à la société souffrante, et rien ne pourra le lui arracher. Demandez un sou par jour à chaque pauvre de la capitale, et chacun vous le donnera. Un sou par jour, messieurs, demandé à chacun de ces prolétaires... c'est vingt mille francs par jour... Or, vingt mille francs par jour, c'est plus de neuf millions par an... dix millions par an, messieurs, avec lesquels vous ouvrirez des ateliers pour rendre au pauvre son argent en travail, travail qui ne lui manquera pas... et qui est sa richesse... Opération magnifique et gigantesque, qui, au versement annuel et aux bénéfices des produit de vos ateliers... décuplera en quelques années les capitaux de ceux qui se seront associés à cette œuvre à la fois morale, solide, excellente et sociale.
LES ACTIONNAIRES.
Bravo... très-bien!...
REINHOLD, *poussant des papiers.*
Voici, du reste, le détail des opérations... vous pouvez en prendre connaissance...
MIRA, *se levant.*
C'est ce que j'ai fait en vous écoutant, monsieur le comte... et je suis ravi... Ah! monsieur de Geldberg, vous deviez couronner une vie honorable par une aussi généreuse et aussi bienfaisante entreprise...
GELDBERG, *se levant.*
Messieurs...
TOUS.
Silence!...
GELDBERG.
Je suis trop profondément ému... pour...
TOUS.
Bravo!
GELDBERG, *mettant la main sur son cœur.*
Ah! c'est une bien douce et bien noble récompense de tous mes longs travaux... (*Les bravos redoublent.*)
MIRA, *avec un feint enthousiasme.*
Monsieur le baron, monsieur de Reinhold, je compte sur mille actions!... (*Tous se sont levés; les uns entourent le baron, qu'ils accablent de compliments; d'autres sont auprès de Reinhold; Mira va de l'un à l'autre.*)
REINHOLD.
C'est trop, docteur, c'est trop... Déjà j'en ai plus de cinq mille de placées... j'en dois à tous ceux qui veulent être les bienfaiteurs du pauvre et participer aux bénéfices de l'opération...
MIRA.
Eh bien, je me réduirai...
REINHOLD.
Le registre de souscription est ouvert... allez...
MIRA.
Je donne l'exemple...
LES ACTIONNAIRES.
Nous le suivrons...
REINHOLD.
Bien... bien... allez... (*On ouvre une porte au fond, au delà de laquelle on voit des bureaux et des commis; on se presse autour d'un guichet.*)

SCÈNE II.

GELDBERG, REINHOLD, MIRA, *au fond.*

REINHOLD.
Eh bien! vous le voyez... beau-père... la race des dupes est immortelle... les souscripteurs se pressent. Dans huit jours les versements commencent, dans huit jours nous sommes plus riches que jamais... Mais qu'avez-vous donc?
GELDBERG.
La ruine est entrée ici... et la mort est à notre porte...
REINHOLD.
Rêvez-vous tout éveillé, beau-père?...
MIRA, *de la porte.*
Ça va... ça va... un million déjà souscrit.
REINHOLD.
Encore un effort, et nous sommes sauvés.
GELDBERG.
Et les traites de Zachœus?...
REINHOLD.
Elles ne sont pas venues, et elles ne viendront pas...
GELDBERG.
Vous mentez, monsieur de Reinhold... (*Il lui montre la traite d'Otto.*) En voilà une protestée...
REINHOLD.
Protestée... et payée, à ce que je vois... Par qui?
GELDBERG.
Par moi... et toutes les ressources que je possédais, tout ce qu'a pu me prêter un vieil ami... a été dévoré par le payement... et les autres viendront.
REINHOLD.
Sauvons le présent... nous penserons demain à l'avenir... Allons, beau-père, voyez, le mouvement ne diminue pas... (*On voit en effet les actionnaires se presser auprès du guichet.*)
GELDBERG.
Eh bien!... (*Il s'arrête.*) Sont-ce de vrais actionnaires?...
REINHOLD.
Mais regardez-les donc!...
GELDBERG.
C'est vrai... mais je suis ruiné... je suis à sec.
KLAUS, *entrant par la droite.*
Le garçon de banque est à la caisse. (*La porte du fond se referme.*)
MIRA, *rentrant tout à fait.*
C'est incroyable... c'est fabuleux... Ah! Reinhold, Reinhold, vous êtes un grand homme...
REINHOLD.

Qui va périr au port...
KLAUS.
Le caissier envoie le bordereau à monsieur le comte.
REINHOLD, repoussant le bordereau.
Qu'on attende.

SCÈNE III.

MIRA, OTTO, REINHOLD, GELDBERG, KLAUS. (*Otto est en costume de cheval, dandy achevé. Il a paru sur les pas de Klaus et s'est tenu à l'écart.*)

OTTO, *prenant le bordereau*.
Cinquante-deux mille francs, c'est une bagatelle ; en voici soixante.
REINHOLD.
Quel est cet homme ?...
GELDBERG.
Oui... quel est-il ?...
MIRA, *bas, à Klaus*.
Et d'où vient-il ?
OTTO, *donnant un portefeuille*.
Prenez, et faites payer...
REINHOLD.
Mais, monsieur, nous ne savons qui vous êtes.
OTTO.
Soyez sûrs que les billets de banque sont excellents.
REINHOLD.
Mais de qui nous viennent-ils ?
OTTO.
Je ne vous croyais pas si scrupuleux lorsqu'il s'agissait d'argent...
REINHOLD.
Il est des choses qu'on ne peut accepter.
OTTO.
Je sais que vous aimez mieux les prendre.
REINHOLD.
Monsieur...
OTTO.
Prenez garde, M. de Reinhold, le brave Madgyar n'est pas là... l'association ne peut pas se fâcher.
REINHOLD.
Mais enfin, monsieur...
OTTO.
Payez d'abord, nous nous expliquerons après.
REINHOLD, *bas à Mira et à Geldberg*.
Qu'en pensez-vous ?...
GELDBERG, *bas*.
Puisqu'il veut payer...
MIRA, *bas*.
Et que ça nous sauve...
REINHOLD.
Allez, Klaus, remettez ces fonds au caissier. (*Klaus sort par la droite.*) Et maintenant, monsieur...
OTTO, *s'asseyant*.
Maintenant, messieurs, j'ai à vous dire que depuis quelque temps, vous faites sottises sur sottises.
GELDBERG.
Monsieur...
OTTO.
Que diable, messieurs, on ne compromet pas aussi maladroitement que vous le faites, des intérêts qui ne sont pas les vôtres.
REINHOLD.
Mais, qu'est-ce à dire ?
OTTO.
Je n'ai pas envie de me laisser ruiner par votre impéritie, comme vous vous êtes ruinés par votre inconduite.
REINHOLD.
Mais... monsieur...
OTTO.
Mais, monsieur, c'est comme ça.
REINHOLD.
Savez-vous bien, monsieur, que si vous continuez...
OTTO.
Vous allez me rendre mes soixante mille francs ?... je ne le crois pas...
REINHOLD.
Mais enfin, qui êtes-vous ?...
GELDBERG.
Oui, qui êtes-vous ?...
MIRA.
Répondez.
OTTO.

Messieurs, je suis un homme qui a quelque part... dans un portefeuille... ou une cassette, peu importe... quelque chose comme neuf cent mille francs de traites exigibles sur votre maison.
REINHOLD *et* MIRA.
Est-ce possible ?
GELDBERG.
Est-ce vrai ?
OTTO.
C'est parfaitement certain.
GELDBERG.
Nous sommes perdus !...
OTTO.
Vous êtes sauvés...
TOUS.
Comment ?... (*Ils s'asseyent tous.*)
OTTO.
Je suis arrivé à temps, n'est-ce pas ?
REINHOLD, *s'asseyant*.
Que voulez-vous donc ?...
OTTO.
Ce que je veux ?... je veux être payé de mon million... et pour cela... voici mon plan... Votre Tontine du travail est une assez bonne idée... j'ai pris des actions... et quand même cela ne réussirait pas tout à fait... nous avons le magnifique domaine de Bluthaupt... c'est là le meilleur de notre affaire.
REINHOLD.
Comment, notre affaire ?...
OTTO, *à Geldberg*.
Vous avez le marché passé entre vous et Gunther... vous allez me le remettre en garantie de mes traites, je vous avance encore quelques milliers de francs... les domaines de Bluthaupt vous appartiennent, vous me payez sur la vente, et je vous rends votre titre... c'est simple, c'est clair, c'est naïf, un enfant de huit jours comprendrait l'opération.
GELDBERG.
Mais monsieur, vous qui savez tant de choses... vous ne savez peut-être pas...
MIRA.
Taisez-vous donc...
OTTO.
Qu'est-ce que je ne sais pas... s'il vous plaît ?... qu'est-ce, mes bons amis ?
REINHOLD.
Monsieur...
GELDBERG.
Mais...
OTTO.
Mais... mais, je le sais...
REINHOLD.
Quoi donc...
GELDBERG.
Quoi ?...
OTTO
Que le fils du diable existe... que vous l'avez découvert, et qu'à ce sujet vous avez fait plus de sottises qu'il n'en faudrait pour perdre les plus honnêtes gens du monde ; mais il y a un Dieu pour les...
REINHOLD.
En finirez-vous... monsieur.
OTTO, *d'un ton câlin*.
Quoi donc ! vous avez dans vos mains un pauvre petit jeune homme, fort gentil, fort innocent, qui ne sait ni d'où il vient, ni qui il est, qui ne s'en occupe pas le moins du monde, qui ne demande qu'à vivre, qu'à se réjouir, qu'à faire la cour aux femmes, à la vôtre en particulier, M. de Reinhold, et au lieu de le laisser faire...
REINHOLD.
Hein !
OTTO.
De l'encourager même, vous mettez des coquins à sa poursuite, vous le faites espionner, vous le faites insulter, vous lui tendez des pièges, vous vous associez pour le tuer, et vous l'avertissez ainsi de sa vie vous inquiète, vous lui donnez le soupçon de son importance, le désir de la constater... Mais vous, êtes des niais, messieurs ! laissez-le courir, jouer, danser, s'amuser en liberté, prêtez-lui de l'argent pour cela s'il le faut, et tandis que votre femme lui donnera des rendez-vous... allez à Francfort, faites reconnaître vos droits, devenez les seigneurs de Bluthaupt, et laissez pourrir ou prospérer le véritable propriétaire dans sa mauvaise ou sa bonne fortune, selon que le hasard l'abandonnera ou viendra le protéger.
MIRA.

Il a raison...

GELDBERG.

Ce serait... peut-être, le plus sage.

REINHOLD.

C'est ce qu'il faudra voir.

OTTO.

C'est tout vu, M. de Reinhold, et ce sera comme ça ; vous laisserez cet enfant tranquille, et vous me remettrez ce fameux marché qui dans huit jours vous rend votre immense fortune et sauve la mienne...

GELDBERG.

C'est donc pour ça que vous nous avez apporté cet argent ?

OTTO.

Mais ce n'est pas pour autre chose. (*Riant.*) Ah ça, est-ce que vous vous seriez imaginé que c'est parce que je vous croyais d'honnêtes gens... par hasard ? Ha ! ha ! ha !

REINHOLD.

Mais, monsieur...

OTTO, *riant aux éclats.*

Ha ! ha ! ha !... la bonne histoire... comment ! vous me croyez assez bête pour ça... Ha ! ha ! ha !... mais je suis des vôtres, mes enfants... mais je vous connais tous sur le bout du doigt, mais vous êtes un affreux tas de fripons...

GELDBERG, *se levant à moitié.*

Malheureux...

REINHOLD, *de même.*

Est-ce une plaisanterie ?

OTTO, *au baron, en lui touchant le bras.*

Asseyez-vous donc ?... (*Il fait signe à Reinhold de se rasseoir.*) C'est ce que me disait il y a quelques jours ce pauvre Otto.

TOUS.

Otto !

GELDBERG.

L'aîné des bâtards de Bluthaupt ?

REINHOLD.

Vous le connaissez ?...

MIRA.

Vous l'avez vu ?...

GELDBERG.

Vous lui avez parlé ?...

OTTO.

Oui, un moment, en passant à Francfort, je suis allé le voir dans sa prison... avec ses frères... j'avais besoin de m'assurer qu'ils étaient en lieu de sûreté... nous avons causé, et ils en savent long sur votre compte...

GELDBERG.

Ils vous auront répété d'odieuses calomnies.

OTTO.

Oh ! ils ne m'ont rien appris sur votre passé... je vous jure ; seulement, je voulais les sonder relativement à leurs projets.

GELDBERG.

Et quels sont-ils ?...

OTTO.

D'exterminer d'abord toute la bande

MIRA, GELDBERG, REINHOLD.

Hein !...

OTTO.

Ils sont fort amusants quelquefois... imaginez-vous qu'ils vous avaient joué aux cartes.

TOUS.

Plaît-il ?

OTTO.

Oui, pour déterminer l'ordre et la marche... Le premier qui avait été désigné, c'est Zachœus... il avait le roi.

GELDBERG.

Il est mort... mais voilà bien longtemps.

OTTO.

Le second c'était Yanos... il avait une dame.

REINHOLD.

Yanos... il a été tué ce matin.

OTTO.

Ah bah !... Après, ce doit être le tour du docteur Mira... un valet.

MIRA.

Mon tour à moi... mais pourquoi ?

OTTO.

Ensuite viendra le tour du baron de Geldberg.

GELDBERG, *se levant péniblement.*

Ah ! monsieur, ces jours de vieillesse, de douleur et de misère, j'y tiens peu...

OTTO.

Enfin, après le baron, il n'y aura plus à choisir, et ma foi,

mon cher Reinhold... (*Ils se lèvent tous.*)

REINHOLD, *furieux.*

Monsieur, monsieur, vous êtes dans notre maison, vous êtes en notre pouvoir... et...

OTTO.

Et mes traites qu'on présente demain, si je ne les retire pas aujourd'hui, et la faillite qui vous écrase si je ne l'arrête pas à l'instant même ?

REINHOLD.

Eh bien, la faillite plutôt qu'un pareil secours... plutôt que de pareilles insultes...

OTTO.

Vous n'y pensez pas, M. de Reinhold... la faillite me ruine, et je ne regarderais pas comme une compensation à ma perte... le plaisir de vous envoyer au bagne ou à la potence...

REINHOLD.

Misérable !...

GELDBERG.

Pas d'emportement, Reinhold. Voyons jusqu'où ira son audace.

OTTO.

Comprenez-moi donc : tant qu'on a un hôtel, des chevaux, des fêtes, tant qu'on donne des dîners à la Bourse, et qu'on fait danser la banque, personne ne s'enquiert de quel point est partie une si magnifique association, et on ne compte guère ce qu'il a fallu donner de poison et verser de sang, pour servir à ses convives des faisans en temps prohibé et des petits pois en toutes saisons... On mange, on boit, on danse, on fait la cour à votre femme... et on se moque de vous, voilà tout.

REINHOLD.

Ah !... vous me payerez cher ces insolences...

OTTO.

Mais quand la faillite arrive, messieurs, on s'informe, on veut tout savoir, non-seulement les causes de la ruine, mais encore celles de la fortune. On remonte jour à jour ces chûtes éclatantes et ces fortunes inexplicables, et il se trouve quelquefois qu'en partant du baron de Goldberg, on arrive au juif Moses Geld, qu'en partant du comte de Reinhold, on aboutit au forçat Jacques Regnault, et qu'en partant de ces salons dorés et resplendissants, on s'arrête à la chambre sombre et fatale où Gunther de Bluthaupt et sa femme Margareth meurent tous deux du poison du docteur Mira...

REINHOLD.

Ah ! es-tu donc sorti de l'enfer ?...

GELDBERG.

Patience ! on pourra l'y faire rentrer...

MIRA, *bas, au baron.*

Vous avez dit vrai... nous sommes perdus... perdus !

OTTO.

Sauvés, vous dis-je, sauvés...

GELDBERG.

Sauvés ?...

REINHOLD.

Mais, pour la dernière fois, qui êtes-vous donc ?...

OTTO.

Comment, je ne vous l'ai pas encore dit ?... Eh bien !...

KLAUS, *entrant.*

La voiture de M. le baron de Rodach vient d'arriver.

OTTO.

Bien. (*Il fait un signe à Klaus.*)

REINHOLD.

Le baron de Rodach !

MIRA.

Le neveu de Zachœus...

GELDBERG.

Lui !... il n'est donc pas mort !

OTTO.

Mort !... non, messieurs, et la preuve, c'est que le voici lui-même en personne.

TOUS TROIS.

Le baron de Rodach !

OTTO.

Votre complice par héritage, qui aime autant et plus que vous les fêtes, le luxe, le jeu, les femmes, les bons vins et l'argent, messieurs, l'argent, votre précieux mien...

REINHOLD.

Ainsi.

OTTO.

Vous devez me comprendre maintenant : je ne suis ni un démon qui menace, ni un ange qui protége, je suis un associé qui sauve votre fortune pour sauver la sienne... je vous ai dit mes conditions, les acceptez-vous ? (*Silence et consultation du regard à la part de Mira, de Geldberg, et de Reinhold.*)

GELDBERG.
Monsieur le baron, vous êtes chez vous...

OTTO.
Très-bien, et comme j'aime des affaires promptement faites, demain je vous apporte mes traites... vous me remettrez votre marché...

REINHOLD, à Geldberg.
C'est vous qui en êtes dépositaire, monsieur le baron.

GELDBERG.
Je le tiendrai prêt... (A part.) Demain j'aurai quitté Paris... avec ma fille...

MIRA, bas à Reinhold.
C'est un envoyé du ciel...

REINHOLD.
Je ne crois pas au ciel... J'ai à vous parler.

GELDBERG.
Je vais chercher le marché.

SCÈNE IV.

Les Mêmes, SARA.

OTTO, à la vue de Sara, à part.
Elle !...

SARA.
Mon père, j'ai appris que, contre votre habitude... vous étiez visible... et je voulais...

GELDBERG.
Moi aussi... Petite... J'ai à te parler.... Attends... Attends-moi... ici... je reviens...

OTTO, à part.
Oui, oui, il faut que le père et la fille se connaissent enfin.

GELDBERG.
Au revoir, monsieur de Rodach... (Il sort.)

SARA.
Monsieur de Rodach...

REINHOLD.
Notre nouvel associé, que je suis charmé de vous présenter... et qui doit être de nos amis.

OTTO, à part.
Toujours belle !...

SARA, de même.
Quel ennui !... (Elle salue Otto sans le regarder.)

OTTO, s'inclinant.
Je demanderai à madame la comtesse la permission de mériter ce titre...

SARA.
Qui a parlé ?... (Elle regarde Otto, qui s'incline.)

OTTO.
Moi, madame...

SARA, saluant.
Monsieur le baron de Rodach !... (A part.) C'est étrange, cette voix... (Elle le regarde pendant qu'Otto arrange sa cravate.)

KLAUS, rentrant.
Monsieur le comte.... Il y a là un homme... Hippolyte Verdier, qui demande à vous parler.

REINHOLD, à part.
Je lui avais pourtant défendu.... à moins d'événement...

KLAUS.
Faut-il faire entrer ?...

REINHOLD.
Oui, dans mon cabinet... J'y vais...

SARA, prête à sortir par la gauche, et après avoir examiné Otto.
Un fat... Ah! je suis folle... Mais cette voix...

REINHOLD.
Vous permettez, monsieur le baron de Rodach...

OTTO, le reconduisant vers le fond.
Faites comme chez vous... Moi-même,.. j'ai affaire assez loin, chez une certaine madame Batailleur...

SARA, à part, s'arrêtant tout à coup.
Batailleur...

OTTO.
Et chez un certain Araby...

SARA, de même.
Araby...

OTTO, baissant la voix, mais de manière à être entendu de Sara.
Il s'agit d'une petite fille... charmante... qu'on appelle Noémie...

SARA, de même.
Noémie....

REINHOLD, riant.
Bonne chance... A demain... (Bas à Mira.) Suivez-moi. (Ils sortent par la droite.)

OTTO.
A demain.

SARA, à part.
Noémie, a-t-il dit... Quel est cet homme ?

OTTO, revenant pour sortir par la porte du fond, y rencontre Sara et la salue.
Pardon, madame...

SCÈNE V.

SARA, OTTO.

SARA.
Pardon, monsieur, permettez-moi de vous demander si les affaires qui vous appellent loin d'ici sont tellement pressantes que vous ne puissiez m'accorder un moment d'entretien.

OTTO.
L'affaire la plus pressante pour un galant homme est d'obéir au désir exprimé par une jolie femme.

SARA.
A moins que ce ne soit une plus jeune et plus jolie qui l'attende...

OTTO, à part, en allant poser sa canne et son chapeau sur la table.
Ah !... les noms d'Araby et de Batailleur ont fait leur effet... (Il va chercher une chaise et l'apporte près de Sara.)

SARA, à part.
Que lui dire ?... Et cependant il faut... C'est un fat, ce doit être un sot. (Elle s'assied.)

OTTO.
Qui que ce soit qui puisse m'attendre, madame, je ne suis pas assez maladroit pour sacrifier le bonheur présent au bonheur à venir...

SARA.
Ce bonheur à venir, en êtes-vous si assuré que vous le risquiez si légèrement ?...

OTTO.
Je ne crois pas y mettre beaucoup de fatuité en vous disant qu'il ne peut m'échapper. Je serai si heureux d'apprendre ce qui me vaut la faveur de cet entretien, que j'ai hâte de répondre à vos questions... Dites, madame... que voulez-vous savoir ?... je serai franc, je vous en avertis.

SARA.
Eh bien ! monsieur le baron de Rodach, moi aussi je serai franche : je veux savoir quelle est cette jeune fille que vous allez retrouver.

OTTO.
Cette jeune fille ?... En quoi cela peut-il vous intéresser ?

SARA.
Ce n'est pas encore mon tour de répondre... et...

OTTO.
C'est juste... Eh bien ! madame, cette jeune fille est une enfant que cette misérable femme, qu'on appelle Batailleur, a placée comme servante chez un odieux coquin qu'on appelle Araby...

SARA.
Araby...

OTTO.
Vous ne pouvez avoir d'idée de ce monde-là... quelque chose de monstrueusement... sale... hideux...

SARA.
Je vous crois... mais la jeune fille ?...

OTTO.
Une de ces pauvres enfants que les belles dames du monde ont la probité de ne pas imposer à leurs maris, et que, le jour de leur naissance, on jette dans quelque obscure retraite, pour y vivre ou mourir dans la misère... selon que le hasard en dispose...

SARA.
En êtes-vous bien sûr... et la croyez-vous si abandonnée ?...

OTTO.
Oh ! madame, j'ai des principes, et s'il y avait derrière cette jeune fille, une mère respectable à qui la perte de cette enfant pût causer la moindre peine... je me croirais bien coupable de l'arracher à sa famille... et jamais...

SARA.
Mais pardon, monsieur le baron ; plus cette jeune fille est abandonnée, plus vous seriez coupable, ce me semble, d'abuser de son abandon pour la perdre...

OTTO.
A mon tour, pardon, madame, mais ceci dépend tout à fait de la manière d'entendre les mots... je ne suis pas un professeur de morale... mais quand je vois une pauvre fille de quinze ans, frêle, maladive, mourante...

SARA.
Mourante...

OTTO.
Oui, reléguée dans une arrière-boutique où la misère...

SARA.
La misère...

OTTO.
Le froid, la faim... quelquefois...

SARA.
La faim!

OTTO.
Oui, madame, la faim, et plus que cela les mauvais traitements de son maître... car il la réduit aux travaux les plus pénibles, il la menace toujours, et la frappe souvent...

SARA.
Il la frappe!... est-ce possible?...

OTTO.
Oui, madame... Et quand je vois enfin qu'il ne peut y avoir à cette affreuse position d'autre issue pour cette enfant que... la honte!...

SARA.
Ah!

OTTO.
Ou le suicide!

SARA.
Le suicide!

OTTO.
J'avoue que je me sens moins coupable de remplacer de pareilles tortures par le bien-être, le luxe, la vie enfin, fût-ce au prix d'une faute, dont une mère inconnue n'aura pas à rougir, dont elle lui a donné sans doute l'exemple en lui donnant la vie, et dont elle lui a fait enfin une nécessité en l'abandonnant...

SARA, à part.
O mon Dieu! quelle leçon!

OTTO.
Qu'avez-vous donc, madame?

SARA.
Monsieur... Oh! monsieur... vous êtes cruel...

OTTO.
Pour qui donc?...

SARA.
Pour cette enfant...

OTTO.
Je n'ai pas lieu de le croire, puisqu'elle a déjà quitté d'elle-même la maison de son bourreau.

SARA.
Quoi!... Noémie...

OTTO.
Elle a fui...

SARA.
Mais où est-elle, monsieur, où est-elle?

OTTO.
Ceci est mon secret.

SARA.
Ah! je veux... que vous me disiez...

OTTO.
Je veux!... mais quel intérêt si grand... prenez-vous à cette enfant?

SARA, après un silence.
Je la connais...

OTTO.
Vous...

SARA.
Oui... cette marchande... cette Batailleur m'a parlé de cette enfant... Je savais, non pas sa misère, non pas sa douleur, soyez-en sûr, mais son abandon... et je m'y étais intéressée, je voulais lui venir en aide... la prendre peut-être près de moi.

OTTO.
Comme servante?...

SARA, réprimant un geste d'effroi.
Oh!... je ne sais... mais j'avais fait à ce sujet tout un roman, quelque chose comme une bonne action, et voilà que vous dérangez toutes mes idées, tous mes projets... et ce n'est pas bien débuter dans la maison dont vous êtes déjà l'associé... dont vous devez devenir l'ami... que de m'enlever un plaisir qui peut vous sembler futile... mais auquel je tiens peut-être plus que vous ne croyez...

OTTO, à part.
Oh! elle l'aime... elle n'est donc pas aussi perdue que je le pensais.

SARA.
Eh bien, monsieur, me direz-vous où est cette enfant?

OTTO, riant.
Madame, je suis un vilain homme; je viens de faire avec monsieur votre père et monsieur votre mari un marché dont j'ai assez durement dicté les conditions... et...

SARA.
Vous voudriez en faire autant avec moi. Je ne voudrais pas vous blesser, monsieur, et je le craindrais... vous n'êtes pas un homme à qui l'on puisse offrir une position.
La mienne est assez bonne en ce moment...

SARA.
Mon amitié... Oh! elle vous sera acquise pour toujours.

OTTO.
Est-ce avec de l'amitié qu'on remplace un amour perdu?

SARA.
Que voulez-vous donc?

OTTO, à part.
Ah! c'est par la fille que nous tiendrons la mère! (Haut.) Eh bien! madame, écoutez... Vous allez me trouver bien ambitieux... Je vous demanderai un rendez-vous.

SARA.
Monsieur, c'est une plaisanterie, sans doute...

OTTO.
Oh! madame... un rendez-vous pour vous parler de cette jeune fille à laquelle vous vous intéressez...

SARA.
En vérité?... Et ce rendez-vous, si je l'accordais...

OTTO.
Si je l'obtiens... Je remettrai Noémie entre vos mains.

SARA, à part.
Pauvre enfant!...

OTTO, sérieux.
Mais si, dès ce moment, je n'emporte pas votre promesse, demain, aujourd'hui même, je pars avec Noémie.

SARA, à part.
Grand Dieu!... (Haut.) J'irai monsieur, j'irai...

OTTO.
Ah! madame!...

SARA.
Oui, je trouve charmant de donner cette folle aventure pour prétexte à un acte de charité et presque de protection maternelle... N'est-ce pas très-bizarre en effet?... Monsieur, j'attends vos ordres.

OTTO.
Mes ordres!... Daignez m'excuser, madame, si je ne vous fais pas connaître encore l'heure et le lieu de ce rendez-vous...

SARA.
On n'est pas plus résignée que je ne le suis.

OTTO.
Ainsi, en quelque lieu et à quelque heure que ce soit...

SARA.
J'irai.

OTTO, à part en allant prendre son chapeau et sa canne.
Bien!... L'heure de la justice est venue pour tous... (Haut.) A bientôt, madame.

SARA.
A bientôt! (Otto sort.)

SCÈNE VI.

SARA, LA BATAILLEUR.

SARA, courant à la porte qui est au premier plan à gauche.
Viens ici, malheureuse... Ah tu ne sais donc pas que ma fille a disparu... qu'elle est au pouvoir de ce misérable...

LA BATAILLEUR.
Du petit Franz?...

SARA.
Non, car il l'aimait, lui, et peut-être l'eût-il respectée... mais au pouvoir d'un homme qui spécule sur sa misère... sur sa douleur, car elle se mourait de misère, et de froid, et de faim...
Et tu ne me l'as pas dit...

LA BATAILLEUR.
Je ne savais pas... moi... Vous m'aviez tant recommandé de la cacher...

SARA.
Oh! tu as raison... tu n'étais pas sa mère... tu ne pouvais pas savoir!... mais qu'importe maintenant?... il faut la sauver... il faut partir... cette nuit... il faut que tu demandes à mon père cet argent que tu as confié...

LA BATAILLEUR.

A ce vieux gueux d'Araby?...
SARA.
Oh! fasse Dieu... que ce ne soit pas... un malheur de plus!... Le voici; songe que tu parles au baron de Geldberg... et fais comme si je n'étais pas là...

SCÈNE VII.

SARA, LA BATAILLEUR, GELDBERG.

GELDBERG.
Ah!... tu n'es pas seule, Sara... cependant...
SARA.
C'est une brave femme qui m'a vendu quelquefois des objets de toilette...
GELDBERG, *à part, en la reconnaissant.*
La Batailleur!...
SARA.
Elle m'a dit avoir à vous parler d'une affaire pressante.
GELDBERG.
Je n'ai pas le temps.
SARA.
Je vous prie d'être bon pour elle...
GELDBERG, *à part*
Si elle savait...
SARA.
Je vous en prie... (*Elle va s'asseoir à gauche, et fait semblant de parcourir un journal, mais en secret, elle encourage la Batailleur.*)
GELDBERG.
Approchez... femme, et parlez... mais hâtez-vous...
LA BATAILLEUR, *entre Sara et Geldberg.*
Voici la chose, monsieur ; il y a au Temple un vieux juif qu'on appelle Araby... un mauvais gueux à ce qu'il paraît... mais quand j'ai fait la chose... je ne le savais pas...
GELDBERG.
En finirez-vous?... De quoi s'agit-il?
LA BATAILLEUR.
Il s'agit que j'ai placé de l'argent chez lui...
GELDBERG.
Que m'importe?...
LA BATAILLEUR.
Or, je dois vous le dire, cet argent n'est pas à moi...
GELDBERG.
Ah!...
LA BATAILLEUR.
Non, monsieur le Baron... il est à une brave dame qui m'avait chargée de le placer... à cause d'un enfant inconnu... qu'elle cache...
GELDBERG.
A un père ou à un mari... débauche ou adultère... Que m'importe cette histoire?
LA BATAILLEUR.
C'est que lorsque je l'ai demandé au vieil Araby, il m'a répondu qu'à son tour il l'avait placé... chez quelqu'un...
GELDBERG.
Chez qui donc?
LA BATAILLEUR.
Chez vous, monsieur le Baron.
GELDBERG.
Chez moi?
LA BATAILLEUR.
Chez vous...
GELDBERG.
Vous êtes folle, ma brave femme.
LA BATAILLEUR.
Folle!...
SARA, *à part.*
Que dit-il?...
GELDBERG.
Je ne connais pas cet Araby... et je ne sais ce dont vous voulez me parler...
SARA, *se levant.*
Vous ne connaissez pas Araby, mon père?...
GELDBERG.
Non... Et d'où veux-tu que je connaisse cet homme, mon enfant?...
SARA, *à part.*
Oh! mon Dieu
LA BATAILLEUR.
Mais c'est donc un voleur... et cette traite qu'il m'a remise sur vous!...

GELDBERG, *prenant la traite.*
Où est ma signature?... Je vous le répète, vous êtes folle... (*Il la lui rend.*)
LA BATAILLEUR.
Et je vais passer pour une voleuse... Ah! madame la comtesse, je vous jure...
SARA.
Tais-toi... tais-toi... et va-t'en.. va-t'en..
GELDBERG.
Qu'est-ce que cela veut dire?...
SARA.
Va-t'en... et attends-moi chez toi... toute la nuit... donne. (*Elle prend la traite.*)
LA BATAILLEUR.
Oui, madame la comtesse... mais je vas courir après ce scélérat d'Araby... Oh! je le trouverai... et...
SARA, *d'une voix accentuée.*
Attends-moi... chez toi... te dis-je... car tu ne trouveras plus maintenant cet Araby... Va... va... (*La Batailleur sort par le fond.*)

SCÈNE VIII.

SARA, GELDBERG.

GELDBERG.
Qu'est-ce que cela signifie?... et pourquoi cette femme ne trouverait-elle plus cet Araby?...
SARA, *avec force.*
Parce qu'Araby est ici, et qu'Araby vient de nier sa signature.
GELDBERG.
Malheureuse!...
SARA.
Ah! vous ne vous attendiez pas à me trouver si bien instruite, mon père...
GELDBERG.
Toi!... toi... Sara... tu sais...
SARA.
Tout... entendez-vous, tout.
GELDBERG.
Mais cette femme?...
SARA.
Saura tout, si dans une heure... vous ne lui avez pas remis l'argent que vous lui devez...
GELDBERG.
Mais tu ne sais donc rien?... ton mari se débat vainement dans sa ruine...
SARA.
Que m'importe?...
GELDBERG.
Moi-même, j'ai été dépouillé du peu que j'avais pu amasser pour toi... mon enfant chérie; car c'est pour toi... que j'avais repris ces haillons de misère, cette vie honteuse et cachée...
SARA.
Mon père!...
GELDBERG.
Et cet argent... c'était notre dernière espérance... notre suprême ressource.
SARA.
Vous oubliez qu'il ne vous appartient pas...
GELDBERG.
Et tu veux que je m'en dépouille? Jamais!
SARA.
Mon père!... vous ne ferez pas cette mauvaise action...
GELDBERG.
Que tout le monde ignorera, car Araby a disparu pour toujours, et tu ne retomberas plus dans la misère.
SARA.
Mon père... vous rendrez cet argent.
GELDBERG.
Le rendre à qui? Tu l'as entendu, à quelque femme perdue qui l'a volé à son père ou à son mari pour enrichir l'enfant du crime et de l'adultère. Non, non... je ne le rendrai pas...
SARA.
Vous le rendrez, mon père... vous le rendrez à votre fille coupable, pour sauver l'enfant que votre barbarie a poussée à sa perte
GELDBERG.
Quoi, cette Noémie?....
SARA.
Est ma fille...
GELDBERG, *la menaçant.*
Ta fille!... Misérable!...
SARA.

Mon père... vous êtes ici le baron de Geldberg, et moi la comtesse de Reinhold... Ne me faites pas trop souvenir de quelle façon le juif Araby a traité la malheureuse Noémie.
GELDBERG.
Ah!... J'aurais dû la tuer...
SARA.
Souhaitez qu'elle vive, ou vous êtes perdu...
GELDBERG.
Quoi... Tu oses menacer ton père !...
SARA.
Vous avez bien frappé ma fille... et vous voulez la ruiner... Je veux cet argent... je le veux...

SCÈNE IX.
SARA, GELDBERG, REINHOLD.
REINHOLD.
Monsieur de Geldberg... monsieur...
GELDBERG.
Qu'y a-t-il?...
REINHOLD.
Ah! c'est vous, madame... ce baron de Rodach est parti?
GELDBERG.
Oui, tout-à-l'heure.
REINHOLD, au baron.
Mais vous ne lui avez pas remis cet acte qu'il demandait?
GELDBERG.
Non... mais...
REINHOLD.
A la bonne heure..., car, vous ne savez pas, ce prétendu Rodach est un misérable qui nous trompait tous.
SARA.
Grand Dieu !
GELDBERG.
Comment?...
REINHOLD.
Hippolyte Verdier vient de me remettre une cassette qui en contient la preuve... toutes nos traites... une lettre de Zachœus... Venez... venez. (*Il sort par la droite.*)
GELDBERG.
Je vous suis.
KLAUS, *entrant par le premier plan à gauche et remettant une lettre à Sara.*
Pour madame la comtesse. (*Il sort par le fond.*)
SARA, *lisant.*
« Ce soir, rue Dauphine... chez Franz !... » (*A elle-même.*) J'irai. (*Au baron.*) Et cet argent, mon père?...
GELDBERG, *tirant la traite d'Otto et la jetant à ses pieds, après l'avoir déchirée.*
Tenez, madame... allez le demander à votre mari... il a servi à payer vos dettes. (*Il sort par la droite.*)
SARA, *seule.*
Oh! mon père !... N'importe !... cette fortune, je saurai la ressaisir... ma fille, je saurai la sauver ! (*La toile tombe.*)

ACTE V.

DIXIÈME TABLEAU.

Une mansarde ; à gauche, une table ; deux chaises ; à droite, un lit de repos ; porte au fond.

SCÈNE I.

FRANZ, NOÉMIE. *Noémie est couchée sur le lit de repos ; Franz debout, au pied du lit, la contemple.*
FRANZ.
Dors encore, ma Noémie, dors, mon rêve d'amour, chaste enfant brisé par la misère, âme du ciel éprouvée dans la douleur, dors sans crainte du réveil, dors... car je t'aime et je veille sur toi ! O mon Dieu, vous nous avez jetés, tous deux orphelins, dans ce monde indifférent, quand il n'est pas cruel ; mais notre part n'a pas été la même ! à moi, qui avais la force et le courage, vous avez presque toujours aplani la route et facilité la vie, tandis qu'à elle, qui n'avait que la résignation, vous lui avez donné la misère et la souffrance... O mon Dieu! faites qu'il n'en soit plus ainsi, et si nos existences que vous ne voulez plus séparer sans doute, doivent avoir leur mélange de joie et de peine, de plaisirs et de travaux, de bonheur et de larmes, laissez-moi tous les mauvais jours, mon Dieu, et gardez-lui tous les jours heureux !
(*Il va vers le lit.*) Elle s'éveille !...
NOÉMIE, *luttant contre un rêve pénible.*
Araby... non !... non !...
FRANZ.
Elle a emporté dans son sommeil l'écho de ses souffrances de tous les jours... Pauvre Noémie !...
NOÉMIE, *s'éveillant lentement.*
Franz !... Franz !... Franz !...
FRANZ, *s'agenouillant auprès d'elle.*
Me voilà...
NOÉMIE.
Mais où suis-je?...
FRANZ.
Souviens-toi...
NOÉMIE, *regardant autour d'elle.*
Ce n'est pas ici que je demeurais...
FRANZ.
Souviens-toi...
NOÉMIE.
Ah! oui, je me souviens... j'allais mourir, et tu m'as sauvée, Franz...
FRANZ.
Et tu m'as suivie dans ma pauvre demeure... toute tremblante de froid et de terreur...
NOÉMIE.
Ah ! oui...
FRANZ.
Et tu pleurais... parce que tu disais qu'on pourrait calomnier ta fuite...
NOÉMIE.
C'est vrai... et alors la fatigue... les larmes... je ne me rappelle plus...
FRANZ.
Tu t'es endormie.
NOÉMIE.
Et toi ?...
FRANZ.
Je t'ai regardée dormir.
NOÉMIE.
Ah ! tu m'aimes donc bien?... merci.
FRANZ.
Et maintenant... tu es chez toi... Je suis bien heureux, va.
NOÉMIE, *se levant et prenant Franz par la main.*
Franz, nous sommes deux pauvres enfants abandonnés, nous n'avons ni famille, ni amis qui puissent nous maudire ou nous blâmer, si nous faisions mal l'un et l'autre; nous n'avons que Dieu pour juge et pour témoin de nos actions... jurons-lui que nous vivrons honnêtement et sans reproche...
FRANZ.
Je le jure à Dieu, et je te le jure, à toi...
NOÉMIE.
Et maintenant... bonjour Franz... je suis bien heureuse.
FRANZ.
Oh ! merci... Noémie... Oui, sois heureuse, prends confiance en la vie, ouvre ton âme au bonheur, car il nous vient de tous côtés... Regarde... (*Il ouvre un carton qui est sur la table.*)
NOÉMIE.
Qu'est-ce donc? une belle robe, un bonnet !...
FRANZ, *tirant un portefeuille de sa poche.*
Cette nuit j'ai trouvé sur ma table un portefeuille, avec de l'argent...
NOÉMIE.
Es-tu sûr... qu'il était pour toi?...
FRANZ.
Lis... « Pour Franz, de la part d'un ami. »
NOÉMIE.
Tu as donc des amis, toi?...
FRANZ.
Je n'en savais rien, mais depuis quelques jours, il y a autour de moi un mouvement mystérieux qui me suit, qui m'enveloppe et qui me protège... On m'a parlé de toi...
NOÉMIE.
De moi?...
FRANZ.
Oui, une femme que tu ne connais pas, qui semblait vouloir me faire oublier l'heure de mon duel et qui me l'a rappelée quand il n'était plus temps ; puis, cet homme qui m'y a devancé et qui a tué mon adversaire, cet argent qui me vient d'un ami inconnu... Tout cela semble me dire que quelque chose d'extraordinaire va s'accomplir pour moi... Est-ce un rang, est-ce un nom,

est-ce une famille que je vais retrouver?... je ne sais, mais je garde la bienvenue à toute chance qui, pour venir me trouver, a commencé par t'ouvrir la porte de ma pauvre demeure.
NOÉMIE.
Mais si tu deviens riche et noble, que deviendrai-je, moi?
FRANZ.
Tu deviendras riche et noble... ma Noémie... Mais en attendant cette fortune et cette noblesse à venir, salut à notre bonheur d'aujourd'hui; et pour qu'il nous paraisse complet, veux-tu qu'il ressemble à notre bonheur d'autrefois?...
NOÉMIE.
Oh! oui, je le veux bien...
FRANZ, joyeusement.
C'est ça, nous allons déjeuner dans la forêt. (*Il range le lit de repos contre la muraille.*)
NOÉMIE.
Où ça?...
FRANZ.
Figure-toi que tu es près du grand mélèze et près de la fontaine...
NOÉMIE.
Ah! oui, près de la fontaine.
FRANZ, *tirant une malle qui est sous la table.*
Tiens, voilà le banc de gazon!...
NOÉMIE.
Le banc de gazon!... alors, Franz... je vais m'asseoir... et je vais attendre...
FRANZ.
Attendre?...
NOÉMIE.
Tu sais bien que j'y étais toujours la première...
FRANZ.
C'est vrai... mais je venais de bien loin...
NOÉMIE.
Est-ce que je t'ai jamais grondé?
FRANZ.
Jamais...
NOÉMIE, *s'asseyant sur la malle.*
Voyons, monsieur, éloignez-vous!... (*Il s'éloigne.*) Je me tournais du côté de la croix verte.
FRANZ.
Oui, de là on voyait la croix verte.
NOÉMIE.
Oh! je te voyais de bien plus loin... tu venais toujours courant... puis tu arrivais au bas-fond des mauves; alors tu disparaissais...: (*Ouvrant un panier qui contient des provisions.*) Et je me mettais à ranger sur le banc nos pauvres provisions... le lait de ta chèvre... (*Elle tire une bouteille.*)
FRANZ.
Les fraises que tu avais cueillies. (*Elle prend dans le panier un pâté.*)
NOÉMIE.
Ça n'est qu'un pâté...
FRANZ.
Ça a aussi son bon côté...
NOÉMIE.
Puis tu arrivais à la butte aux Sapins.
FRANZ.
Je courais toujours...
NOÉMIE, *mimant les paroles.*
Et comme tu approchais... je prenais mon livre, je m'asseyais, je faisais semblant d'étudier ma leçon, et tu arrivais tout haletant... tout essoufflé...
FRANZ, *courant à elle et se mettant à genoux*
Et je tombais à tes genoux en te disant : Bonjour, Noémie.
NOÉMIE.
Bonjour, Franz... Comme tu as chaud!...
SARA, *paraissant et s'arrêtant sur le seuil de la porte.*
Mon Dieu!...
FRANZ.
Oui, la tête me brûle... Noémie!...
NOÉMIE.
Franz!... (*Ils sont la main dans la main et penchés l'un vers l'autre; Sara, haletante, épuisée, s'appuie au bord de la porte et reste comme pétrifiée.*)

SCÈNE II.

NOÉMIE, FRANZ, SARA.

SARA, *au fond.*
Oh!... c'était vrai...

NOÉMIE, *l'apercevant.*
Quelle est cette dame?...
FRANZ, *se levant et à part.*
Madame la comtesse de Reinhold... (*Il va vers elle.*) Vous ici, madame!... Entrez, je vous prie...
Entrez... madame... Mon Dieu! comme elle est pâle!... Appuyez-vous sur moi...
SARA.
Oh!... oui... sur vous... (*Noémie la conduit vers le lit de repos et l'y fait asseoir.*)
FRANZ, *à part, pendant ce mouvement.*
Quel intérêt peut l'amener ici?...
SARA, *assise.*
Merci... mon enfant, merci... (*Noémie fait un mouvement pour s'éloigner.*) Oh! restez... restez là... est-ce que vous craignez de rester près de moi?...
NOÉMIE.
Non, madame, assurément... pourquoi craindrais-je?... vous avez l'air d'être bien bonne...
SARA.
Oh! je le serai pour vous.
NOÉMIE.
Et puis, Franz me protége maintenant...
SARA.
Ah!... oui, monsieur Franz...
FRANZ.
Qui ne s'attendait pas à l'honneur d'une pareille visite, madame.
SARA.
En effet, je suis chez vous, monsieur?...
FRANZ, *riant.*
Oui, madame... j'appelle cela... chez moi... mais je me trompe, vous êtes chez nous...
SARA.
Noémie... je voudrais vous parler, à vous... à vous seule...
NOÉMIE.
A moi... à moi seule... Oh! non, madame, non... je ne vous connais pas... je ne connais personne qui ait rien à me dire... à moi seule... Franz... Franz... ne t'en va pas...
SARA, *à part.*
Je l'épouvante!...
FRANZ.
Pardonnez-lui, madame... Une fois déjà on l'a trompée...
SARA.
Trompée?...
FRANZ.
Oui, madame... sous prétexte de la conduire près de sa mère, une misérable femme l'a amenée à Paris et l'a placée dans le taudis d'un infâme usurier.
SARA.
Je le sais! mais si je lui disais moi, que je veux la conduire près de sa mère?...
NOÉMIE.
Vous?...
FRANZ.
Vous?...
SARA.
Pensez-vous que je voulusse la tromper?...
FRANZ.
Vous madame?...
SARA.
Oui, monsieur, et ce n'est peut-être pas la première fois que je vous témoigne l'intérêt que je prends à cette jeune fille.
NOÉMIE.
Il me l'a dit, madame.
FRANZ.
Elle a donc une mère?
SARA.
Oui...
FRANZ.
Qui veut la voir?...
SARA.
Qui veut l'aimer... la protéger, vivre pour elle.
NOÉMIE.
Oh! parlez... madame... parlez...
SARA.
A vous seule... je vous l'ai dit...
NOÉMIE, *à Franz avec prière.*
Franz... je n'ai plus peur... un moment...
FRANZ.
Soit... mais moi aussi, je suis orphelin... moi aussi je sens que mon cœur se briserait de joie si quelqu'un me disait : Vous allez

voir votre mère... Mais il me semble aussi que je ne vous dirais pas : Voilà le bonheur qui me vient... allez-vous-en...

NOÉMIE.

Ah ! si c'est ainsi que tu l'entends... reste... Ah ! madame, il a raison, il a été mon seul ami... mon seul soutien... autrefois, quand je languissais dans l'ignorance... hier, quand je mourais dans la misère... lui seul a eu pitié de moi...

FRANZ.

Pitié, dis-tu...

NOÉMIE.

Lui seul m'a aimée... veux-je dire... Oh ! madame... il a droit à mon bonheur... et vous ne voudriez pas que je fusse ingrate...

SARA.

Noémie, ne savez-vous pas qu'il est des secrets qu'une mère peut confier à sa fille, et qu'elle ne voudrait pas livrer à... à...

FRANZ.

A un étranger ? dites le mot, madame la comtesse... En effet, il y a des droits qui sont si sacrés qu'il faut les respecter, même dans ceux qui les ont oubliés.

NOÉMIE.

Ne blâme pas ma mère... Qui sait si elle n'a pas souffert plus que moi ?...

SARA.

Pauvre enfant, tu la défends... Oui, elle croyait avoir souffert ; mais c'est depuis quelques jours qu'elle a appris, en te retrouvant, ce que c'est que le malheur...

NOÉMIE.

Elle m'a donc vue ?...

SARA.

Oui.

NOÉMIE.

Elle me connaît donc ?

SARA, *de plus en plus émue.*

Oui. (*Elle se lève.*)

NOÉMIE.

Et moi... je ne la connais pas encore... Oh ! parlez, madame, dites-moi... qui elle est... Parlez... parlez...

SARA, *éperdue, se détourne et montre Franz.*

Franz... Franz...

NOÉMIE, *allant à Franz.*

Franz... je voudrais connaître ma mère...

FRANZ.

Un moment, Noémie... un moment... je t'en prie... (*A la comtesse, bas.*) Vous avez raison... et je suis un égoïste d'arrêter sur vos lèvres cette confidence qui doit la faire si heureuse... Mais écoutez-moi, madame, vous êtes d'un monde où l'on condamne vite et sur la première apparence... Vous avez trouvé cette jeune fille dans cette chambre ; elle y a passé la nuit, et peut-être faudra-t-il que vous répétiez ces circonstances à sa mère. Dites-lui de ne pas blesser le cœur de sa fille d'un soupçon, de ne pas flétrir son âme d'un doute... de ne pas empoisonner sa joie d'une mauvaise pensée... C'est un ange qui est entré ici et qui va s'en retourner.

SARA.

C'est vrai cela, n'est-ce pas ?...

FRANZ.

Ah ! sur l'âme de ma mère que je ne connais pas, c'est vrai...

SARA.

Franz... restez.... Franz... vous êtes un honnête homme... Et maintenant, Noémie...

SCÈNE III.

SARA, OTTO, FRANZ, NOÉMIE.

SARA, *voyant entrer Otto.*

Otto !...

OTTO, *dans son costume ordinaire.*

Ah ! vous êtes arrivée avant moi... madame...

SARA.

Lui !...

OTTO, *en plaçant son manteau sur le lit de repos.*

Moi-même !... car maintenant, il faut que mes ennemis me voient en face... je n'ai plus besoin de déguisement.

SARA.

Quoi ! ce fantôme... qui depuis quelques jours se levait à chaque instant près de moi et s'évanouissait aussitôt, sans que je pusse m'assurer de la réalité... cet homme qui, au Temple et au bal m'a poursuivie en me disant mon nom d'une voix qui m'épouvantait... ce vieillard qui m'a crié en passant chez la Batailleur : On t'attend chez le vieux Araby... ce baron de Rodach qui me torturait le cœur en riant... tous ces êtres divers, dont chacun avait quelque chose de toi, mais n'étaient pas toi ?...

OTTO.

C'était moi, madame !...

SARA.

Mais que me vouliez-vous donc ?...

OTTO.

Vous montrer ce qu'était votre père... un infâme qui avait édifié sa fortune sur la ruine du pauvre...

SARA.

Oh ! taisez-vous, monsieur, taisez-vous...

OTTO.

Vous montrer ce qu'était votre mari... un misérable qui a volé sa fortune et son nom...

SARA.

Que m'importe ?.., mais taisez-vous...

OTTO.

Et comme il faut que tous les crimes s'expient... je vous ai dit où était cette enfant...

SARA.

Quand vous avez pu croire qu'elle était perdue ?...

OTTO.

Comme vous !...

FRANZ.

Horreur !

SARA, *courant à Noémie.*

Oh ! mais... ce n'est pas vrai... ça... monsieur... ce n'est pas vrai, grâce à Dieu !... n'est-ce pas, ma fille ?...

NOÉMIE.

Ma mère !... ma mère !... vous ?...

SARA.

Oui, ta mère... ta mère... qui voulait te cacher sa honte, ta mère... qui te demande pardon...

NOÉMIE, *se jetant dans ses bras.*

Oh ! soyez bénie, ma mère, vous avez dû bien souffrir aussi.

FRANZ, *à Otto.*

Monsieur, vous avez fait rougir une mère devant sa fille, vous avez voulu calomnier une fille devant sa mère... c'est une mauvaise action... c'est une lâcheté !

OTTO, *ôtant son chapeau.*

Monsieur le comte Gunther de Bluthaupt... (*mouvement de Franz*) vous seul au monde avez le droit de me parler ainsi sans être puni sur l'heure, car vous êtes mon seigneur...

FRANZ.

Comte Gunther de Bluthaupt, avez-vous dit, moi ?...

OTTO.

Lui !...

FRANZ.

Oui, vous...

FRANZ.

Mais qui suis-je donc ?...

OTTO.

Le dernier rejeton d'une race illustre, enfant né dans une nuit de crime et de terreur, où vos parents moururent du même poison...

FRANZ.

Est-ce possible, mon Dieu !... Mais quel fut l'assassin, monsieur ?...

OTTO.

Ils étaient cinq, et madame les connaît tous.

SARA.

Moi ?...

FRANZ.

Elle ?...

NOÉMIE.

Ma mère ?...

OTTO.

Cinq au chevet de ta mère mourante, dont tu portes là le portrait...

FRANZ, *tirant le portrait de son sein.*

Ma mère !... c'est ma mère... (*Il baise avec attendrissement le portrait.*)

OTTO.

Le premier s'appelait Zachæus...

SARA, *étonnée.*

Zachæus Nesmer ?...

OTTO.

Assassin !...

FRANZ.

Où est-il, cet homme ?...

OTTO.

Je l'ai tué !... Le second, qui soutenait toutes les lâchetés de cette bande d'empoisonneurs de son courage de spadassin, s'appelait Yanos Georgyi...

SARA.
Quoi... lui aussi ?...

OTTO.
Assassin !...

FRANZ.
Lui... qui m'a insulté !...

OTTO.
Je l'ai tué !... Après eux, venait le plus misérable... le fabricateur du poison... le docteur José Mira...

FRANZ.
Ah ! celui-là vit...

SARA.
José Mira !...

OTTO.
Assassin ! Enfin, un échappé des tribunaux, l'âme du complot. le démon de cet enfer... Jacques Regnault.. maintenant..

SARA.
Oh ! taisez-vous... taisez-vous.

OTTO.
Le comte de Reinhold !

FRANZ, bas.
Son mari !...

OTTO.
Assassin !... Le dernier... un misérable juif de Francfort...

SARA, voulant le faire taire.
Oh ! tais-toi... par pitié... tais-toi...

OTTO.
Aujourd'hui le baron de Geldberg..

FRANZ, bas.
Son père !...

SARA, mettant la main sur la bouche d'Otto.
Non... non... non...

NOÉMIE.
Ma mère, ayez pitié de ma mère... monsieur !...

FRANZ.
Pauvre Noémie !... (Il aide Noémie à conduire Sara vers un siége où elle tombe épuisée.)

OTTO, qui s'est débarrassé de son étreinte, à part.
Oh ! soutenez-moi aussi, mon Dieu !... car le glaive de votre justice est lourd à porter.

FRANZ, revenant près d'Otto.
Monsieur... mon cœur se révolte, mon âme s'épouvante au récit de tant de crimes. Maintenant que je connais les coupables et que je sais ce que je dois faire, donnez-moi la preuve du droit que j'ai de les poursuivre, je ne demande pas autre chose.

OTTO.
Cette preuve, vous l'auriez déjà, si vous aviez suivi Hans, lorsqu'on est venu vous chercher pour vous faire reconnaître par les témoins de cette nuit fatale...

FRANZ.
Vous oubliez que j'étais près de Noémie... et qu'il me fallait la sauver.

OTTO.
Mais maintenant que vous savez qu'elle appartient à la race de ceux qui ont tué votre père et votre mère... vous me suivrez...

FRANZ.
Je sais quel crime vous avez reproché au mari et au père de madame, et Dieu sait ce qu'il leur conserve !... mais ce que je sais mieux que tout cela, c'est l'innocence de Noémie, et je ne la quitterai pas !...

OTTO.
Franz...

FRANZ.
Non ! monsieur...

NOÉMIE.
O Franz ! tu m'aimes donc toujours ?

FRANZ, la pressant contre son cœur.
Plus que ma fortune, plus que mon nom... tu es mon honneur.

SARA, à Franz.
Oh ! merci... merci... monsieur... vous seul êtes bon, vous seul êtes juste !...

OTTO, à Sara.
Espérez-vous le tromper longtemps encore ?

SARA, d'une voix grave et ferme.
Non, monsieur, non, je n'ai jamais trompé personne, moi... Franz, croyez en l'honneur de cet homme !... Si vous avez appris l'histoire des événements de ces vingt dernières années, vous devez savoir qu'à la tête de ce soulèvement de l'Allemagne qui renversa l'empire de Napoléon, trois hommes, trois frères...

OTTO.
Trois bâtards !...

SARA.
Se firent remarquer parmi les plus ardents de cette ligue de vingt peuples contre la grande nation...

FRANZ.
Oui... je me rappelle cela, madame.

SARA.
Si depuis, vous avez lu le reste des événements de chaque jour.. vous avez dû rencontrer souvent le nom de ces trois hommes, qui, après avoir conspiré sous le patronage des rois pour l'indépendance de l'Europe, ont conspiré contre eux pour la liberté de leur patrie.

FRANZ.
Les trois bâtards de Bluthaupt ?...

SARA, montrant Otto.
Voici l'aîné, le chef, l'âme de cette trinité de braves... voici votre oncle, Franz...

FRANZ.
Mon oncle !...

NOÉMIE, à Franz.
Oh ! il va vous emmener !...

FRANZ.
Sans toi... jamais...

OTTO, à Sara.
Et c'est vous, madame, qui lui faites mon éloge ?...

SARA.
Oui, monsieur, c'est moi ; car j'en suis à ce point de misère et de malheur, où il faut tout condamner ou tout pardonner... Je ne juge plus personne, ni vous, ni les autres.

OTTO.
Vous me faites la grâce de me mettre à leur niveau ?

SARA.
Vous vous vengez d'eux... je pourrais me venger de vous...

OTTO.
De moi ?...

SARA, baissant la voix.
Oui, je pourrais raconter comment vous êtes venu vers une pauvre fille, qui vivait dans le calme et la pureté de son âme, comment vous l'avez séduite, trompée, insultée et brutalement abandonnée...

OTTO.
C'était la fille de Mosès Geld, et elle était condamnée...

SARA.
Et la fille de cette infortunée, l'infortunée qui est là ! Elle était condamnée aussi sans doute dans votre suprême droit de vengeance !

NOÉMIE, de l'autre côté de la scène, à Franz.
Ma mère pleure, vois-tu...

FRANZ.
Attends, attends...

OTTO, à Sara.
L'enfant de quelque intrigue secrète... de quelque honte cachée...

SARA.
Oui, cachée depuis le jour où tu me dis en partant : Fille maudite du juif Mosès Geld, sois perdue !...

OTTO, au comble de la surprise.
Que dites-vous ?...

SARA.
Mais moi... j'ai pitié d'elle !... il faut bien qu'elle puisse aimer quelqu'un en ce monde ; vous venez de lui faire horreur de sa mère !... je veux, moi, qu'elle puisse respecter son père... je ne lui dirai pas que vous avez été infâme envers moi.

OTTO, bas et se contenant.
Noémie... ma fille !... elle !...

SARA, l'arrêtant.
Oh ! tais-toi... Elle ne comprendrait pas ma honte et ton crime... Plus tard, plus tard...

NOÉMIE, à Franz.
C'est lui qui pleure maintenant !

FRANZ
Oh !... ils s'entendent !...

OTTO, à Sara.
Ah ! vous avez raison... Sara... je ne voyais devant moi qu'un ramassis de coupables ; j'ai frappé au hasard avec l'aveuglement de la colère, et j'ai brisé...

SARA.
Le cœur d'une pauvre mère qui te pardonnera pourtant, si tu veux aimer ta fille...

OTTO.
Oh ! Sara... ce pardon... je le mériterai... (S'approchant de Franz et de Noémie.) Mes enfants.

NOÉMIE, *surprise.*
Mes enfants!...
OTTO, *les serrant dans ses bras.*
Embrassez-moi... tous deux !... (*A Sara.*) Tous deux, Sara !...
SARA.
O mon Dieu, votre colère serait-elle satisfaite ?...
FRANZ, *à Otto.*
Eh bien, que voulez-vous que je fasse ?...
OTTO.
Il faut encore de la prudence... vos ennemis sont puissants. Les preuves de votre naissance nous manquent... ces preuves, que nous indiquait une lettre de votre mère, étaient renfermées dans un médaillon...
SARA, *frappée.*
Un médaillon...
FRANZ, *montrant le portrait de sa mère.*
Celui-ci ?...
SARA, *le regardant avec attention.*
Oui, je le connais... je l'ai vu... entre les mains de mon père.
OTTO.
Je comprends maintenant comment la lettre a disparu.
SARA.
Une lettre ?... C'est vrai... Je me souviens...
OTTO.
Vous l'avez lue ?...
SARA.
Oui... Elle contenait...
OTTO.
Une indication ?...
SARA.
Attendez... Il me semble qu'on y parlait d'un tombeau... d'une antique chapelle...
OTTO.
La chapelle et le tombeau des trois hommes rouges ?...
SARA.
D'un héritage...
OTTO, *montrant Franz.*
Ses titres de famille... Ah ! sans doute Mosès Geld a cru qu'il s'agissait d'un trésor... Pourrai-je maintenant les lui arracher... (*Reprenant son manteau, dans lequel il s'enveloppe tout en parlant.*) Avant tout, il faut abandonner cette maison où l'on peut vous découvrir... Dans quelques jours nous quitterons la France... vous la quitterez avec nous, Sara... mes frères nous attendent... Hâtons-nous !... (*Ils vont tous pour sortir, au moment où la porte s'ouvre.*)

SCÈNE IV.

LES MÊMES, REINHOLD, GELDBERG, *puis* DEUX AGENTS DE POLICE.

REINHOLD, *paraissant, à Otto.*
Un moment, monsieur....
SARA, *à part.*
Mon mari ! (*Le Baron paraît.*) Mon père !...
GELDBERG.
Oui, votre père, madame...
FRANZ.
Le Comte !... le Baron !... (*Otto enfonce son chapeau sur ses yeux, et se cache le visage sous le collet de son manteau.*)
SARA, *à son père et à son mari.*
Oh ! par pitié...
OTTO, *bas à Franz qui fait un mouvement.*
Silence !... (*Haut.*) Qu'y-a-t'il, messieurs ?
GELDBERG.
Il y a qu'un homme s'est présenté hier chez un honnête négociant du Temple pour toucher cent trente mille francs, sous le nom d'Isaac Fürster, et qu'Isaac Fürster est à Francfort, paralytique depuis deux ans... cet homme, c'est vous.
OTTO, *à part.*
Diable !...
FRANZ.
Est-ce possible ?...
REINHOLD.
Il y a qu'un fripon s'est présenté hier chez le comte de Reinhold, pour s'immiscer dans les affaires de la maison et escroquer un acte en bonne forme des domaines de Bluthaupt, le tout sous le nom du baron de Rodach, et que le baron de Rodach est mort depuis deux ans...

OTTO.
Vous en êtes sûr... Jacques Regnault ?
REINHOLD.
En voici la preuve. (*Otto réprime un mouvement.*)
FRANZ, *à part.*
Oh ! s'il m'avait trompé !...
OTTO, *avec calme.*
Comment ?... la preuve ?... (*Il regarde le papier et dit.*) Ces papiers ont été volés à Hans Dorn.
GELDBERG.
Volés !
OTTO.
Oui... (*Montrant Reinhold.*) Monsieur vient de me l'apprendre.
REINHOLD.
Vous raillez encore... monsieur... Quel nom vous donne-t-on, à vous qui cachez si bien votre visage.
OTTO.
A l'heure où je vous dirai mon nom, vous ne le répéterez à personne.
REINHOLD, *bas à Sara.*
Madame... nous aurons à compter ensemble.
SARA.
Plus bas, Jacques Regnault, je vous connais !
GELDBERG, *bas à Sara.*
Tais-toi, malheureuse, il sait tout.
SARA.
Quoi ! ma fille ?...
GELDBERG.
Oui...
SARA.
Je suis perdue !
REINHOLD, *souriant à Noémie.*
Vous, mon enfant, venez avec Mme la comtesse ; elle vous aime et vous protège, et je partage tous ses sentiments... Vous nous suivrez à Bluthaupt.
GELDBERG, *bas.*
Mais...
REINHOLD, *de même.*
Il le faut !
FRANZ, *à part.*
La perdre encore !...
NOÉMIE.
Franz !... ne plus le revoir !...
SARA, *bas à sa fille.*
Oh ! ne me quitte plus !...
OTTO, *à part.*
Bien joué, Jacques Regnault !...
GELDBERG, *à voix très-haute.*
Et maintenant, il nous reste encore un devoir à remplir. (*Montrant Otto.*) Cet homme a refusé de nous dire son nom... (*A Otto.*) Il y a quelqu'un, monsieur, à qui vous le direz... (*Ouvrant la porte du fond et faisant signe à deux agents qui entrent.*) Messieurs, accomplissez votre ordre. (*Les deux agents s'approchent silencieusement d'Otto.*)
OTTO, *à part.*
Arrêté !... Albert et Goëtz sont libres... (*Sur le point de franchir le seuil, il se retourne vers Geldberg et Reinhold.*) Messieurs, au revoir !... à Bluthaupt !... (*Étonnement général. La toile tombe.*)

ONZIÈME TABLEAU.

L'esplanade du château de Bluthaupt ; à droite, au deuxième plan, la vaste porte qui conduit aux premières cours du château qu'on aperçoit sur la hauteur, au cinquième plan, du même côté. — Au troisième plan, à gauche, le tombeau des trois hommes rouges, auquel on arrive par plusieurs degrés. L'horizon est entièrement boisé. Deux ifs garnis de lampions mourants annoncent qu'il y a fête au château pour l'investiture des domaines de Bluthaupt. La lune vient frapper le tombeau de ses rayons. On entend un moment les sons lointains de la musique du bal.

SCÈNE I.

KLAUS, PAYSANS et PAYSANNES, *puis* GELDBERG. (*Une foule de vassaux se pressent au-devant du perron, et sont repoussés doucement par Klaus.*)

KLAUS.
Allez, mes enfants, allez... l'heure n'est pas venue pour vous d'entrer au château de Bluthaupt. (*Les vassaux s'éloignent au fond, à droite. Quand ils sont sortis, Geldberg enveloppé dans un manteau, et portant une lanterne sourde, apparaît en deçà du tombeau.*)

GELDBERG, *seul, après avoir posé son manteau sur un banc à gauche, et la lanterne auprès.*

Une fête !... ce Reinhold !... il a pu songer à une fête ! mais moi, quand je parviens à faire taire mes souvenirs, quand je puis chasser les terreurs qui sont venues m'assaillir depuis que j'ai revu ce vieux château de Bluthaupt, et qui parfois me font craindre que ma raison... (*Tirant une lettre de son sein.*) Mais voici le billet de Margarèthe. (*Montrant le tombeau.*) Et là, est le trésor qu'elle seule connaissait sans doute !... Oui, c'est là... là... (*Après un moment d'hésitation.*) Cette porte mystérieuse!... (*Il s'approche du tombeau, va pour en ouvrir la porte et s'arrête épouvanté. — Redescendant la scène.*) J'ai cru entendre... non, c'est impossible... (*Il va pour retourner au tombeau, Reinhold sort du château.*) Reinhold !...

SCÈNE II.
GELDBERG, REINHOLD.

REINHOLD, *vivement.*

Je vous cherchais, baron... je suis enchanté de vous trouver seul, car si vous aviez appris devant tout le monde, devant le chancelier du sénat de Francfort surtout, la nouvelle qui m'est parvenue il y a quelques instants, vous n'auriez pas été maître de votre émotion.

GELDBERG.

Qu'est-ce donc ?... car bien des dangers nous menacent encore !...

REINHOLD.

Des dangers !... il en restait un seul... le fils du Diable...

GELDBERG.

Nous aurait-ils suivis ?...

REINHOLD.

Eh ! c'est précisément ce qu'il a fait, baron !

GELDBERG.

Comment ?...

REINHOLD.

Oh ! je l'avais prévu ; mais Hippolyte Verdier a su opposer sur-le-champ à la course rapide de notre jeune amant un de ces mille accidents de voyage qui vous claquemurent pour deux ou trois jours dans une auberge... un cheval blessé, une roue brisée, je ne sais... et moi, dans ma sollicitude, j'ai envoyé au devant de lui notre cher docteur...

GELDBERG.

Et maintenant ?...

REINHOLD.

Maintenant Mira m'informe qu'il en répond.

GELDBERG.

Mais cet autre ennemi, ce prétendu Rodach ?...

REINHOLD.

Toujours à la Conciergerie !

GELDBERG, *rêveur.*

Et ces trois mystérieux bâtards de Bluthaupt !... cet Otto surtout ?...

REINHOLD.

Ceux-là... sont finis !... en passant à Francfort, j'ai vu Blasius, le directeur de la prison ; ils y sont si bien enfermés tous les trois qu'on les fait comparaître demain devant leurs juges.

GELDBERG.

Et s'ils parvenaient à s'échapper ?...

REINHOLD.

Eux, ou notre jeune homme rencontreraient de bons compagnons, bien armés, que j'ai placés sur tous les chemins qui mènent à Bluthaupt.

GELDBERG.

Les chemins !... vous ne les connaissez pas tous... Souvenez-vous de cette nuit où les trois frères sont arrivés au chevet de la mourante, sans avoir franchi une seule porte du château...

REINHOLD.

Allons, encore vos visions... au moment où nous allons devenir possesseurs de ce riche domaine !

GELDBERG.

Oui... c'est vrai... je les vois... je les entends... quand je veille, quand je m'endors accablé de fatigue... toujours... toujours !... Ne dit-on pas qu'on a vu des morts sortir de leur tombe ?...

SCÈNE III.
LES MÊMES, SARA.

SARA, *sortant du château toute haletante et s'adressant à Reinhold.*

Monsieur... monsieur... vous avez profité d'un moment où la foule m'entourait... vous vous êtes approché de ma fille... elle a disparu... qu'en avez-vous fait ?...

REINHOLD.

Eh ! madame... assez sur cette enfant, que j'ai bien le droit de haïr, peut-être...

SARA.

Monsieur...

REINHOLD.

Assez, vous dis-je !...

SARA.

Mon père... mon père... n'élèverez-vous pas la voix en ma faveur ?...

GELDBERG.

Sara... vous avez condamné votre père sans merci, et vous vous êtes mise du parti de nos ennemis... Je ne connais pas votre fille...

SARA.

Ah ! tous deux sans pitié !... (*A Reinhold.*) Monsieur, monsieur, vous me rendrez mon enfant, ou je vais au milieu de cette fête, et là je vous accuse, et je vous perds...

REINHOLD.

Allez, et accusez donc aussi votre père...

SARA.

Mon père, vous qui savez ce qu'a souffert mon enfant, la laisserez-vous assassiner ?

GELDBERG, *avec éclat.*

Assassiner votre fille !

REINHOLD, *furieux, saisissant le bras de sa femme.*

Tais-toi !...

SARA, *s'arrachant des mains de Reinhold et courant à son père.*

Regardez-le donc, mon père, et demandez-lui si je mens !...

GELDBERG, *sévèrement.*

Monsieur de Reinhold, nous n'avons pas condamné cette enfant !

REINHOLD.

Mais je l'ai condamnée, moi !

SARA.

Ah ! misérable !...

REINHOLD.

Madame...

SARA.

Mais ce n'est pas possible... non ! tu ne l'oserais pas... tu veux me faire peur... tu es un lâche !...

REINHOLD, *la menaçant.*

Sara !...

GELDBERG, *se mettant entre lui et Sara.*

Malheureux !... ne touche pas à mon enfant...

SARA.

Mais il tue le mien, mon père !

GELDBERG.

Calme-toi !... Reinhold, il faut sauver Noémie... il le faut !...

REINHOLD.

C'est ma honte vivante !

GELDBERG.

Je le veux !... Reinhold, tout à l'heure je serai sur cette esplanade, où les magistrats se rendront ; vous y serez avec ma fille, vous y serez avec Noémie, ou dussé-je me perdre avec vous, ce n'est pas Sara, qui vous accusera... ce sera moi !

REINHOLD, *avec rage.*

Ah ! Mosès Geld... prenez garde !... (*A part.*) Je ne céderai pas, moi ! (*Il rentre au château.*)

SCÈNE IV.
SARA, GELDBERG.

SARA.

Oh ! merci, merci, mon père, vous me l'aurez rendue...

GELDBERG, *sans lui répondre.*

Attends...

SARA.

Mais venez, suivons-le... il peut nous tromper encore.

GELDBERG.

Me tromper !... oh ! il ne l'oserait pas... mais je veux te soustraire à la haine de cet homme ; je veux pour toujours assurer ton bonheur... (*lui prenant le bras.*) Et le bonheur... enfant, c'est la fortune... Il faut que tu sois riche !...

SARA.

Eh ! que m'importe ?... Ma fille, ma fille, d'abord...

GELDBERG.

Tais-toi... et attends... attends... (*Il va prendre sa lanterne et s'en éclaire pour lire la lettre.*) Écoute... « C'est sous la garde des » trois chevaliers que j'ai placé le saint héritage de mon fils. » (*Parlant.*) L'héritage !... (*Lisant.*) « C'est dans le tombeau des trois hommes rouges... »

SARA.
Le tombeau !...
GELDBERG, *continuant.*
« Au troisième pilier, à droite de l'antique chapelle... » Tu seras riche, Sara !
SARA, *à part.*
Ah !... (*Haut.*) Mon père !...
GELDBERG, *allant vers le tombeau.*
Laisse-moi !... laisse-moi !... Ils m'ont tout enlevé, mais je puis tout ressaisir. Oh ! je ne tremblerai pas, cette fois... (*Il franchit les degrés et essaye d'ouvrir la porte qui résiste.*) La porte cède... courage... (*Tout à coup la porte s'ouvre; Geldberg va pour pénétrer dans le tombeau, mais il recule épouvanté en poussant un grand cri.*) Ah !...
SARA.
Grand Dieu !...

SCÈNE V.

LES PRÉCÉDENTS, OTTO, puis NOÉMIE.

OTTO, *paraissant, en manteau rouge, sur le haut des degrés.*
Mira n'est plus, et les trois hommes rouges ont gardé le saint héritage qui leur était confié !...
GELDBERG, *terrifié.*
Je le disais bien, que les morts sortaient de leur tombeau...
OTTO, *amenant par la main Noémie.*
Voici notre fille, Sara...
NOÉMIE, *descendant les degrés et se jetant dans les bras de Sara.*
Ma mère !...
SARA.
Sauvée !... sauvée !...
OTTO, *allant au baron.*
Et maintenant, la lettre !...
GELDBERG, *la tête égarée.*
Arrière, arrière !... ah ! tu veux me prendre mon trésor !... mais tu ne l'auras pas... ou bien tu me tueras !...
OTTO.
La lettre, te dis-je !...
SARA, *suppliante.*
Mon père !...
GELDBERG.
Mon trésor.... il est là.... allez-vous-en... Je n'ai plus rien !... on m'a volé !... (*Pleurant.*) Je suis pauvre, moi !... (*Se relevant.*) Mais non.... riche !... riche, au contraire.... (*riant.*) puisqu'ils sont tous morts....
SARA.
Mais que dit-il donc ?...
OTTO, *lui saisissant le bras.*
La lettre, vieillard, la lettre !... (*Il lutte pour la lui arracher.*)
GELDBERG.
Mon trésor... ma vie... non, non... (*Otto lui arrache la lettre des mains, il veut la lui reprendre.*) Rends-le-moi... (*Le regardant en face.*) Ulrich !... Gunther !... oui, les voilà... ils m'entourent... ils me pressent... ils m'entraînent...
SARA.
Mon père, revenez à vous !...
OTTO, *montrant la lettre.*
Oh ! les titres de Franz !...
GELDBERG, *épuisé.*
Oh ! Dieu me les envoie tous !... Oui, tous, pour me punir !... (*Il va tomber sur le banc à gauche.*)
SARA, *s'agenouillant aux pieds de Geldberg.*
Otto !... Otto !... c'est mon père !... *Otto, saisi de pitié, s'approche de Sara et de Geldberg.*)

SCÈNE VI.

LES PRÉCÉDENTS, REINHOLD, HANS DORN, LE CHANCELIER DU SÉNAT, DEUX HUISSIERS, INVITÉS, PAYSANS, PAYSANNES, DOMESTIQUES, SOLDATS, puis FRANZ, ALBERT et GOETZ. (*Le jour a paru; au bruit des cloches et de l'heure qui sonne, les paysans accourent, et en se précipitant sur le théâtre, dérobent aux spectateurs la vue du groupe qui est à gauche. Reinhold sort du château, suivi des invités et du Chancelier du sénat, qui reste sur l'esplanade, commandant la scène.*)

REINHOLD, *aux invités.*
Venez, messieurs, venez...
LE CHANCELIER DU SÉNAT.
Voici l'heure où doivent être reconnus et salués les légitimes seigneurs de Bluthaupt !... Au nom du sénat de Francfort, que celui qui a droit se présente !
REINHOLD, *à part, au milieu de la scène.*
Oh ! ma tête brûle !...
LE CHANCELIER.
Que celui qui a droit se présente.
REINHOLD, *de même.*
C'est l'heure suprême !...
HANS, *sur le devant, à gauche.*
Oh ! pourquoi ne viennent-ils pas !...
LE CHANCELIER.
Que celui qui a droit se présente !...
OTTO, *se montrant, et désignant Franz qui paraît sur les degrés du tombeau, conduit par Albert et Goetz, tous deux en manteau rouge.*
Le voici !...
TOUS.
Franz !...
OTTO.
C'est l'héritier de Gunther de Bluthaupt !
REINHOLD, *avec rage.*
Mensonge ! mensonge !...
GELDBERG, *se relevant pâle et mourant entre les bras de Sara et de Noémie.*
Vérité ! vérité !... (*Montrant Franz.*) Oui, c'est le fils de Gunther, et nous sommes les meurtriers de sa famille... Sara... mes enfants... ne me maudissez pas !... (*Il retombe. Les deux huissiers s'approchent de Reinhold, qui courbe la tête.*)
OTTO, *à Franz qui est descendu en scène.*
Adieu, monseigneur. (*Franz s'incline sur sa main et la baise avec respect. Otto se retournant vers les frères restés sur les degrés.*) Et nous, frères, à Francfort.
LE CHANCELIER, *s'approchant.*
Arrêtez... j'ai tout appris, nobles fils de Bluthaupt !
OTTO.
Monseigneur, nous avons fait un serment... Demain, c'est le 5 mars, et la parole d'un Bluthaupt engage la vie !...
LE CHANCELIER.
Partez donc !... Si la voix du premier magistrat de Francfort est encore puissante, ce n'est plus la prison, c'est la liberté qui vous attend !...
OTTO.
La liberté ! (*Il ouvre ses bras à Noémie qui s'y précipite.*)
LE CHANCELIER, *prenant Franz par la main et le conduisant sur l'esplanade.*
Salut au seigneur de Bluthaupt !...
OTTO, *qui a rejoint ses frères sur les degrés du tombeau.*
Salut à l'héritier des comtes !
TOUS.
Vive le seigneur de Bluthaupt ! (*La toile tombe.*)

FIN.

www.ingramcontent.com/pod-product-compliance
Lightning Source LLC
Chambersburg PA
CBHW060956050426
42453CB00009B/1195

www.ingramcontent.com/pod-product-compliance
Lightning Source LLC
Chambersburg PA
CBHW061006050426
42453CB00009B/1294